डायरेक्ट सेलिंग:

एक मौका जो ज़िन्दगी बदल दे

डायरेक्ट सेलिंग:
एक मौका जो ज़िन्दगी बदल दे

आपका भविष्य किसी और के हाथों में नहीं

आपके अपने एक फैसले में है

एम.पी. शर्मा

अस्वीकरण (Disclaimer)

यह पुस्तक लेखक के व्यक्तिगत अनुभव, अध्ययन और डायरेक्ट सेलिंग से संबंधित सामान्य ज्ञान पर आधारित है। इस पुस्तक का उद्देश्य किसी विशेष company, संस्था या brand का प्रचार या समर्थन करना नहीं है।

पुस्तक में व्यक्त विचार लेखक के निजी अनुभव और समझ पर आधारित हैं। पाठकों से अनुरोध है कि किसी भी व्यवसाय या निर्णय को अपनाने से पहले स्वयं उचित जानकारी प्राप्त करें और अपने विवेक का उपयोग करें।

Copyright Page

समर्पण

यह पुस्तक उन सभी संघर्षशील और सपने देखने वाले लोगों को समर्पित है, जो परिस्थितियों से नहीं डरते, संसाधनों की कमी से नहीं रुकते, और हर दिन अपने सपने की ओर एक कदम बढ़ाते हैं।

विशेष रूप से यह पुस्तक समर्पित है। मेरे माता पिता व समस्त परिवार को, जिनकी कठोर मेहनत, जीवन मूल्यों, संस्कारों और अटूट आशीर्वाद ने मुझे हर गिरावट में संभाला, हर मोड़ पर दिशा दी और मुझे इस मुकाम तक पहुँचाया। उनके बिना यह पुस्तक संभव नहीं थी। यह समर्पण... मेरा प्रेम और कृतज्ञता है।

लेखक परिचय

एक साधारण और गरीब परिवार में जन्में लेखक ने अपनी शिक्षा केवल मैट्रिक तक पूरी की। जीवनयापन की जिम्मेदारियों ने उन्हें कम उम्र से ही मेहनत और संघर्ष का मार्ग चुनने पर मजबूर किया। फर्नीचर के काम में मजदूरी से लेकर ठेले पर मूंगफली, चने, छोले-भटूरे, और जलेबी-कचौरी बेचने जैसे कई तरह का काम उन्होंने किया, ताकि परिवार का सहारा बन सकें और जीवन आगे बढ़ा सकें।

इन्हीं संघर्षों और अनुभवों के बीच उन्होंने डायरेक्ट सेलिंग की दुनिया में कदम रखा। लगातार 15 वर्षों की मेहनत, सीख और चुनौतियों से जूझने के बाद वे इस क्षेत्र में एक अच्छा मुकाम हासिल किए और आज डायरेक्ट सेलिंग से अच्छी आय अर्जित कर रहे हैं।

लेखक की यह किताब न केवल उनके व्यक्तिगत अनुभवों का सार है, बल्कि डायरेक्ट सेलिंग में प्रवेश करने वाले नए लोगों के लिए एक स्पष्ट दिशा, व्यावहारिक समझ और मजबूत मार्गदर्शन भी प्रदान करती है। यह पुस्तक उन सभी पाठकों के लिए प्रेरणा-स्रोत है जो सीमित साधनों में भी बड़ा सपना देखने और उसे पूरा करने का साहस रखते हैं।

लेखक संदेश

प्रिय पाठकों,

मैं एक साधारण परिवार से आया हूँ, जहाँ संघर्ष हर दिन की ज़िंदगी का हिस्सा था। शिक्षा में मैं सिर्फ़ मैट्रिक तक पहुँच सका, लेकिन सीखने की चाह कभी नहीं रुकी। ठेले पर मूंगफली से लेकर जलेबी-कचौरी तक बेचना, फर्नीचर मजदूरी करना। मैंने जीवन के हर मोड़ पर मेहनत को ही अपना सहारा बनाया।

इन्हीं रास्तों से गुजरते हुए मैं डायरेक्ट सेलिंग की दुनिया में आया। शुरुआत आसान नहीं थी न कोई संसाधन था न कोई सुविधा थी, न अनुभव का सहारा। लेकिन 15 साल के संघर्ष और सीखने की ललक ने मुझे वहाँ पहुँचा दिया, जहाँ मैं आज हूँ एक अच्छी आय, आत्मविश्वास और नई सोच के साथ।

यह किताब कोई मोटिवेशनल स्क्रिप्ट नहीं है। यह मेरा अनुभव है। मेरा जीवन है। जो मैंने सीखा, उसे सच्चाई और पारदर्शिता के साथ संजोकर आपके सामने रखा है। अगर मैं कर सका, तो आप क्यों नहीं? **बस एक भरोसा चाहिए—अपने ऊपर!**

निवेदन —

यह पुस्तक किसी साहित्यिक प्रदर्शन के उद्देश्य से नहीं, बल्कि जीवन के वास्तविक अनुभवों और सीख को साझा करने के भाव से लिखी गई है। मैं कोई साहित्यकार नहीं हूँ, इसलिए संभव है कि कहीं-कहीं शब्दों या वाक्यों में व्याकरणिक त्रुटियाँ हों। मेरा आग्रह है कि पाठक इन शब्दों के पीछे छिपे भाव, अनुभव और उद्देश्य को समझने का प्रयास करें, न कि केवल भाषा की शुद्धता को।

आपका अपना:

एम.पी. शर्मा

प्रस्तावना

डायरेक्ट सेलिंग यह नाम सुनते ही लोगों के मन में कई सवाल उठते हैं। कुछ लोग इसे MLM समझ बैठते हैं, तो कुछ इसे धोखाधड़ी का ज़रिया मानते हैं। जबकि सच्चाई यह है कि आज लाखों लोग इसी व्यवसाय से न केवल रोजगार पा रहे हैं, बल्कि आत्मनिर्भर बनकर दूसरों को भी दिशा दे रहे हैं।

मैंने इस किताब को तीन भागों में इसलिए बाँटा है ताकि आप एक-एक पहलू को गहराई से समझ सकें।

- **"डायरेक्ट सेलिंग क्या है"** — इसमें आपको इसकी सच्चाई और मूल स्वरूप मिलेगा।
- **"डायरेक्ट सेलिंग क्यों करें"** — इसमें आपको प्रेरणा और कारण मिलेंगे कि यह व्यवसाय आपके लिए क्यों सही है।
- **"डायरेक्ट सेलिंग कैसे करें"** — इसमें आपको साफ़-सुथरी रणनीति मिलेगी, जिससे आप शुरुआत से सफलता की ओर बढ़ सकें।

यह किताब उनके लिए है—

- जो रोजगार की तलाश में हैं।
- जो सीमित पूंजी में कुछ बड़ा करना चाहते हैं।
- और जो हार मानना नहीं जानते।

इस पुस्तक का एक-एक शब्द ज़िंदगी से निकला है, किताबों से नहीं। अगर यह आपके किसी डर को कम कर सके, किसी सपने को दिशा दे सके तो यही मेरी सबसे बड़ी सफलता होगी।

आपका:

एम.पी. शर्मा

विषय - सूची

खण्ड : 1 डायरेक्ट सेलिंग क्या है ?

खण्ड : 2 डायरेक्ट सेलिंग क्यों करें ?

खण्ड : 3 डायरेक्ट सेलिंग कैसे करें ?

खण्ड : 1

डायरेक्ट सेलिंग क्या है ?

अध्याय 1

डायरेक्ट सेलिंग की सरल परिभाषा

"सीधी बिक्री, सीधा भरोसा।

डायरेक्ट सेलिंग का सबसे सरल मतलब है—उत्पाद सीधे कंपनी से ग्राहक तक पहुँचना, बिना दुकानदार, थोक व्यापारी या बिचौलिये के। इसमें ग्राहक और उत्पाद के बीच का फासला कम होता है और बीच का खर्च घट जाता है। इसका सबसे बड़ा फायदा यह है कि ग्राहक को उत्पाद सही दाम पर मिलता है और आम व्यक्ति के पास कमाई का अवसर भी होता है।

डायरेक्ट सेलिंग की नींव भरोसे पर टिकी है। ग्राहक किसी विज्ञापन या दुकानदार के बजाय, आपके अनुभव और सुझाव पर खरीदारी करता है। यही कारण है कि इसे अक्सर **"रिश्तों वाला बिज़नेस"** कहा जाता है।

आसान भाषा में समझें तो:

"कंपनी उत्पाद बनाती है → आप उपयोग करते हैं → अनुभव साझा करते हैं → बिक्री होने पर लाभ मिलता है।"

हम रोजमर्रा के जीवन में इसी तरह की प्रक्रिया अपनाते हैं, बस पैसे का आदान-प्रदान नहीं।

उदाहरण:

आपने कोई अच्छी किताब पढ़ी और दोस्तों को सुझाई। किसी अच्छे मोबाइल या गैजेट का अनुभव साझा किया। कोई बढ़िया साबुन, तेल या टूथपेस्ट पसंद आया और परिवार को बताया। डायरेक्ट सेलिंग में फर्क यह है कि यहाँ आपकी सलाह की कीमत मिलती है।

डायरेक्ट सेलिंग में "**सीधी बिक्री**" का मतलब है कि उत्पाद बिना स्टोर और बिना अतिरिक्त खर्च के सीधे ग्राहक तक पहुँचे।

मुख्य पात्र:

1. कंपनी: उत्पाद बनाती है और गुणवत्ता सुनिश्चित करती है।

2. डायरेक्ट सेलर: उत्पाद उपयोग करता है, अनुभव साझा करता है और बिक्री कराता है।

3. ग्राहक: उत्पाद खरीदता है और लाभ उठाता है।

इस पूरी प्रक्रिया में केवल वास्तविक अनुभव और भरोसा काम आता है। विज्ञापन या स्टोर कम महत्वपूर्ण होते हैं।

डायरेक्ट सेलिंग में आय दो स्रोतों से होती है:

- Direct Selling Income: आपकी निजी बिक्री।
- Team/Network Income: आपकी टीम द्वारा की गई बिक्री।

यह एक नेटवर्क और भरोसे पर आधारित व्यवसाय है। सबसे अच्छी बात यह है कि डायरेक्ट सेलिंग छोटे निवेश में शुरू किया जा सकता है। आपको कोई दुकान, बड़ी पूंजी या कर्मचारी रखने की आवश्यकता नहीं है।

अर्थात:

उत्पाद को समझें।

उसका अनुभव करें।

दूसरों को सुझाएँ।

डायरेक्ट सेलिंग में आपका अनुभव ही आपकी ताकत है।

उत्पाद अच्छा = ग्राहक खुश।

उत्पाद खराब = सिस्टम काम नहीं करेगा।

यह उद्योग आपको सिखाता है कि छोटे कदम से बड़ा नेटवर्क कैसे बनाएं, बिक्री कैसे करें और भरोसा कैसे कायम रखें।

खास बात : उत्पाद + भरोसा + नेटवर्क = सफलता।

डायरेक्ट सेलिंग केवल पैसा कमाने का तरीका नहीं है। यह व्यक्तित्व विकास और आत्मविश्वास बढ़ाने का माध्यम भी है। जब आप किसी उत्पाद के बारे में बताते हैं, तो आपको सीखना पड़ता है।

- ग्राहक से संवाद करना।
- उनकी जरूरत समझना।
- उत्पाद के फायदे स्पष्ट करना।
- संकोच और आपत्ति का जवाब देना।

इस प्रक्रिया से आपका व्यक्तित्व और आत्मविश्वास मजबूत होता है। डायरेक्ट सेलिंग में कोई शॉर्टकट नहीं है। यह सीखने और लगातार मेहनत करने वाला मॉडल है।

अंत में, डायरेक्ट सेलिंग की सबसे बड़ी खूबी यह है कि यह आम व्यक्ति को कमाई का मौका देता है, वह भी बिना बड़े निवेश और जोखिम के।

- नेटवर्क बड़ा = आय ज्यादा।
- उत्पाद की सच्चाई = विश्वास मजबूत।

इस उद्योग में असली कमाई उत्पाद की बिक्री और नेटवर्क के विस्तार से होती है।

सार

- डायरेक्ट सेलिंग पारदर्शी और भरोसे पर आधारित है।
- यह कम निवेश में शुरू किया जा सकता है।
- यह व्यक्तित्व और आत्मविश्वास में सुधार लाता है।
- यह आम व्यक्ति को भी बड़े अवसर प्रदान करता है।
- उत्पाद समझो, अनुभव करो और भरोसे के साथ दूसरों तक जानकारी साझा करो।

अध्याय 2

दुकानदार के बिना बिक्री कैसे होती है

"बीच का खर्च घटे, लाभ बढ़े।"

परंपरागत बिक्री प्रणाली में, उत्पाद ग्राहक तक पहुँचाने के लिए कई स्तरों से गुजरता है—

- निर्माता।
- विज्ञापन।
- थोक व्यापारी।
- रिटेलर/दुकानदार।
- ग्राहक।

हर स्तर पर लागत जुड़ती है—गोदाम, परिवहन, स्टोर किराया, कर्मचारियों का वेतन और मार्केटिंग खर्च। परिणामस्वरूप ग्राहक को उत्पाद महंगा पड़ता है और निर्माता व बिचौलियों के अलावा कोई भी आम व्यक्ति (ग्राहक) सीधे इससे कमाई नहीं कर पाता।

डायरेक्ट सेलिंग में यह पूरा सिस्टम सीधा और सरल हो जाता है। उत्पाद सीधे कंपनी से सहयोगी खरीदार (डायरेक्ट सेलर) तक पहुँचता है, और सहयोगी खरीदार इसे ग्राहक तक पहुँचाता है। बीच का हर खर्च कम हो जाता है।

डायरेक्ट सेलिंग में "दुकानदार के बिना बिक्री" का मतलब सिर्फ लागत बचाना नहीं है। इसका मतलब यह भी है कि सभी लेन-देन व्यक्तिगत अनुभव और भरोसे पर आधारित होते हैं। ग्राहक सीधे उस व्यक्ति से जुड़ता है, जिसने उत्पाद उपयोग किया हो और जिसके अनुभव पर विश्वास हो।

उदाहरण के तौर पर:

यदि आप कोई घरेलू उत्पाद इस्तेमाल करते हैं और यह आपको अच्छा लगता है, तो आप इसे अपने परिवार या दोस्तों को सुझा सकते हैं। अगर वे खरीदते हैं, तो कंपनी अपने बनाए सिस्टम के आधार पर

आपको मुनाफा देती है। इस पूरी प्रक्रिया में कोई दुकान, स्टोर, या विज्ञापन खर्च नहीं होता।

डायरेक्ट सेलिंग के इस मॉडल से ग्राहक भी फायदा उठाता है क्योंकि उसे उत्पाद सीधे विश्वसनीय स्रोत से मिलता है और कीमत भी उचित रहती है।

दुकानदार के बिना बिक्री की प्रक्रिया में निम्नलिखित मुख्य पात्र होते हैं:

1. **कंपनी:** उत्पाद बनाती है, गुणवत्ता सुनिश्चित करती है और सहयोगी खरीदार तक पहुँचाती है।

2. **सहयोगी खरीदार:** उत्पाद का उपयोग करता है, अनुभव साझा करता है और बिक्री को अंजाम देता है।

3. **ग्राहक:** सीधे उस व्यक्ति से खरीदता है, जिसे वह जानता और भरोसा करता है।

यह प्रक्रिया पारदर्शी होती है और किसी तीसरे पक्ष की जरूरत नहीं पड़ती। यह सीधे संबंध और भरोसे पर आधारित मॉडल है।

इस सिस्टम की सबसे बड़ी खूबी यह है कि सहयोगी खरीदार छोटे निवेश में व्यवसाय शुरू कर सकता है। उसे स्टोर, कर्मचारी या भारी पूंजी की जरूरत नहीं होती। बस उसे उत्पाद समझना होता है और अपने नेटवर्क में सही तरीके से साझा करना होता है।

यह मॉडल ग्राहक और सहयोगी खरीदार दोनों के लिए फायदे वाला है। ग्राहक को सही उत्पाद मिलते हैं, और सहयोगी खरीदार को मेहनत के अनुसार मुनाफा मिलता है।

दुकानदार के बिना बिक्री का एक और लाभ है—**गुणवत्ता और मूल्य का नियंत्रण**।

जब उत्पाद सीधे निर्माता से ग्राहक तक पहुँचता है तो:

उत्पाद की गुणवत्ता सुनिश्चित रहती है, मूल्य अधिक नहीं बढ़ता, ग्राहक को सही जानकारी मिलती है। यह मॉडल नेटवर्क पर आधारित है। जितना अधिक आपका नेटवर्क विश्वसनीय और सक्रिय होगा, उतनी ही अधिक बिक्री और आय होगी। यह प्रणाली पारंपरिक बिक्री से कहीं अधिक प्रभावी और लचीली है। डायरेक्ट सेलिंग में सफलता केवल बिक्री पर नहीं, बल्कि भरोसे और अनुभव पर निर्भर करती है।

इसलिए "दुकानदार के बिना बिक्री" का अर्थ है:

- लागत घटाना।
- भरोसा बढ़ाना।
- नेटवर्क के जरिए प्रभावी बिक्री।
- कम निवेश में अधिक अवसर।

सार

- पारंपरिक बिक्री में विज्ञापन और दुकानदार (बिचौलिये) के कारण उत्पाद महंगे हो जाते हैं।
- डायरेक्ट सेलिंग में उत्पाद सीधे ग्राहक तक पहुँचता है।
- नेटवर्क और भरोसे पर आधारित बिक्री अधिक प्रभावी और पारदर्शी होती है।

- ग्राहक और सहयोगी खरीदार दोनों फायदे में हैं।
- सफलता की कुंजी: उत्पाद समझो, अनुभव साझा करो और भरोसा बनाओ।

अध्याय 3

MLM और डायरेक्ट सेलिंग में फर्क

"भ्रम हटे, समझ बढ़े।"

डायरेक्ट सेलिंग और MLM (Multi-Level Marketing) को अक्सर लोग एक ही समझ लेते हैं, लेकिन असल में इनमें स्पष्ट अंतर है।

डायरेक्ट सेलिंग एक उद्योग है, जिसमें कंपनी के उत्पाद का उपयोग और बिक्री किया जाता है, जबकि MLM केवल बिक्री और नेटवर्किंग का ढांचा होता है।

MLM मॉडल में आमतौर पर दो बातें होती हैं:

1. यहाँ उत्पाद के जगह पैसा का लेनदेन होता है।

2. अपनी टीम बनाकर उनके द्वारा की गई पैसे की लेनदेन से आय प्राप्त करते हैं। यहाँ उत्पाद होता भी है तो केवल दिखावा या अनुपयोगी।

डायरेक्ट सेलिंग में यह ढांचा वैध और उत्पाद आधारित होता है। असली आय उत्पाद की बिक्री से आती है, न कि किसी को जोड़ने से।

समझने के लिए उदाहरण लें:

डायरेक्ट सेलिंग कंपनी = उत्पाद + गुणवत्ता + आय योजना + कानूनी समर्थन।

गैरकानूनी MLM = कोई उत्पाद नहीं, सिर्फ पैसे का खेल।

यह अंतर समझना बहुत जरूरी है क्योंकि कई लोग सिर्फ "पैसा कमाने के लिए नेटवर्क बनाओ" वाली स्कीम को डायरेक्ट सेलिंग समझ लेते हैं।

सफल डायरेक्ट सेलिंग कंपनियाँ हमेशा उत्पाद पर जोर देती हैं। उनका MLM ढांचा केवल बिक्री और टीम बनाने के लिए है, न कि पैसे का खेल।

MLM और डायरेक्ट सेलिंग में फर्क समझने के कुछ मुख्य बिंदु:

1. उत्पाद की महत्ता:

सही डायरेक्ट सेलिंग: उत्पाद ही असली आधार है।

गलत MLM: उत्पाद या तो कई गुना महँगा, अनुपयोगी होता है या महज दिखावा।

2. कमाई का तरीका:

सही डायरेक्ट सेलिंग: बिक्री + टीम।

गलत MLM: केवल नए लोगों को जोड़ने पर निर्भर।

3. कानूनी पहचान:

सही डायरेक्ट सेलिंग: कंपनी रजिस्टर्ड होती है और नियमों का पालन करती है।

गलत MLM: अक्सर कानून की नजर में ग्रे ज़ोन में होती है।

4. नेटवर्क का महत्व:

सही डायरेक्ट सेलिंग: नेटवर्क मदद करता है, लेकिन मुख्य आय उत्पाद बिक्री से होती है।

गलत MLM: नेटवर्क ही सब कुछ है।

उदाहरण:

अगर आप कोई बढ़िया उपयोगी प्रोडक्ट बेचते हैं और यह उत्पाद खुद ग्राहकों को लाभ पहुंचाता है, तो यह डायरेक्ट सेलिंग है। लेकिन अगर कोई स्कीम कहती है "पैसा कमाने के लिए लोगों को जोड़ो, उत्पाद महत्वहीन है," तो वह MLM का गलत रूप है।

किसी भी वैध डायरेक्ट सेलिंग कंपनी में:

- उत्पाद महत्वपूर्ण होता है।
- आय पारदर्शी और वैध होती है।
- टीम का योगदान सहायक होता है, मुख्य आधार नहीं।

फर्जी MLM में यह संतुलन नहीं होता। नए लोगों को जोड़ना ही मुख्य होता है, उत्पाद या ग्राहक का अनुभव गौण। ऐसे मॉडल में अक्सर लोग नुकसान उठाते हैं और भरोसा टूटता है।

सार

- डायरेक्ट सेलिंग = उत्पाद आधारित + वैध + भरोसे पर आधारित।
- MLM = मार्केटिंग ढांचा, कभी-कभी गैरकानूनी भी।
- वैध डायरेक्ट सेलिंग में आय उत्पाद बिक्री + टीम से होती है।
- फर्जी MLM में केवल नेटवर्क से पैसे कमाने पर जोर।
- उत्पाद समझो, भरोसा बनाओ, अनुभव साझा करो, नेटवर्क बढ़ाओ।

अध्याय 4

भारत में डायरेक्ट सेलिंग की शुरुआत

"धीरे-धीरे भरोसा बना।"

डायरेक्ट सेलिंग कोई नया प्रयोग नहीं है। अमेरिका में इसका स्वरूप 1950 से 1960 के दशक में तेज़ी से उभर कर सामने आया। उस समय कंपनियाँ अपने उत्पाद सीधे उपभोक्ताओं तक पहुँचाने लगीं। न दुकान, न शो-रूम — बल्कि इंसान से इंसान का भरोसा।

1959 में कुछ कंपनियों ने इस मॉडल को संगठित रूप दिया। यह वह समय था जब लोगों ने समझा कि अगर उत्पाद अच्छा है, तो उसे सीधे उपभोक्ता तक पहुँचाया जा सकता है, और इस प्रक्रिया में जो व्यक्ति उत्पाद को आगे बढ़ा रहा है, उसे उसका उचित लाभ मिलना चाहिए।

हालाँकि, हर उभरते मॉडल की तरह यहाँ भी कुछ गलत प्रयोग हुए। 1970 और 1980 के दशक में अमेरिका में कुछ फर्जी पिरामिड योजनाएँ सामने आईं। इसके बाद अमेरिका की Federal Trade Commission (**FTC**) ने स्पष्ट किया कि —

- असली डायरेक्ट सेलिंग में उत्पाद का मूल्य होता है।
- पिरामिड स्कीम में केवल भर्ती का लालच होता है।

भारत में डायरेक्ट सेलिंग का आगमन

भारत में डायरेक्ट सेलिंग का प्रवेश अचानक नहीं हुआ। इसका आधार 1991 की आर्थिक उदारीकरण नीति थी। इस नीति के बाद विदेशी कंपनियों के लिए नए बिज़नेस मॉडल और निजी उद्यमों के लिए भारत के दरवाज़े खुले।

इसी प्रक्रिया के तहत 1995–1996 के आसपास डायरेक्ट सेलिंग मॉडल भारत में आया। लेकिन उस समय भारत इसके लिए मानसिक, सामाजिक और कानूनी रूप से तैयार नहीं था। भारत का उपभोक्ता उस समय डायरेक्ट सेलिंग की वैल्यू को समझने के लिए तैयार नहीं था।

बिना कानून के 20 साल

1996 से लेकर 2015 तक, लगभग 20 वर्षों तक डायरेक्ट सेलिंग भारत में बिना किसी स्पष्ट कानून के चलती रही। यही वह समय था जब कुछ अच्छी कंपनियाँ भी आईं लेकिन कई फर्जी कंपनियाँ भी पैदा हो गईं।

पिरामिड स्कीम और डायरेक्ट सेलिंग को एक ही समझ लिया गया। इसका नुकसान सबसे ज़्यादा उन लोगों को हुआ जो ईमानदारी से इस व्यवसाय को करना चाहते थे।

इसी बीच 2016 में पहली सरकारी पहचान

2016 में भारत सरकार ने पहली बार Direct Selling Guidelines जारी कीं। यह एक स्वीकृति थी कि डायरेक्ट सेलिंग एक वास्तविक व्यवसाय है, लेकिन इसे नियंत्रण की ज़रूरत है।

हालाकी ये गाइड लाइंस थीं, कानून नहीं। फिर भी इससे यह साफ हो गया कि सरकार अब इस सेक्टर को नजरअंदाज नहीं कर रही।

2021 में कानूनी अधिकार का जन्म

28 दिसंबर 2021 को भारत सरकार ने **Consumer Protection (Direct Selling) Rules, 2021** को अधिसूचित किया। यहीं से भारत में डायरेक्ट सेलिंग पूरी तरह कानूनी व्यवसाय बना पिरामिड स्कीम स्पष्ट रूप से अवैध घोषित हुई।

निर्माता और डायरेक्ट सेलर व उपभोक्ता दोनों के अधिकार सुरक्षित हुए। यह वह मोड़ था जहाँ डायरेक्ट सेलिंग ने भ्रम की छवि से निकलकर कानून की रोशनी देखी।

आज भारत में कुछ कंपनियां डायरेक्ट सेलिंग में अच्छा प्रदर्शन कर रही है।

- उत्पाद का उचित दाम होना।
- रोजमर्रा के जरूरत वाले उत्पाद होना।
- गुणवत्ता वाले उत्पाद होना इत्यादि।

को ध्यान में रखकर भी काम कर रही हैं। कुछ कंपनियाँ प्रोडक्ट वैल्यू पर भी विशेष ध्यान दे रही हैं। Associate Buyer / सहयोगी खरीदार को वास्तविक लाभ दे रही हैं। लंबे समय तक चलने वाला सिस्टम बना चुकीं हैं। लाखों लोग अपना जीवन सवार रहें हैं।

सार

- भारत में डायरेक्ट सेलिंग की शुरुआत 1990 के दशक में हुई।
- 2016 में भारत सरकार द्वारा जारी नियमों ने कानूनी सुरक्षा और पारदर्शिता सुनिश्चित की।
- आज भारत में डायरेक्ट सेलिंग बड़े पैमाने पर फैल चुका है और आम लोगों को आर्थिक अवसर और व्यक्तिगत विकास देता है।

अध्याय 5

डायरेक्ट सेलिंग कंपनी कैसे काम करती है

"सिस्टम समझो, सफलता पाओ।"

डायरेक्ट सेलिंग कंपनियाँ पारंपरिक व्यवसाय से अलग तरीके से काम करती हैं। इनकी संरचना और संचालन प्रणाली इस प्रकार होती है कि कोई भी व्यक्ति, छोटे निवेश से, उत्पाद बेचकर आय अर्जित कर सकता है।

सबसे पहले समझना जरूरी है कि डायरेक्ट सेलिंग कंपनियों का मुख्य लक्ष्य उत्पाद बेचकर ग्राहक तक पहुंचना और नेटवर्क बनाना होता है। इसके लिए कंपनी अपने उत्पाद की गुणवत्ता सुनिश्चित करती है और उन्हें सहयोगी खरीदार तक पहुँचाती है।

कंपनी आम तौर पर तीन मुख्य कार्य करती है:

1. उत्पाद का निर्माण और गुणवत्ता नियंत्रण: कंपनी अपने उत्पाद को मानक के अनुसार तैयार करती है और लगातार गुणवत्ता सुनिश्चित करती है।

2. सहयोगी खरीदार का प्रशिक्षण और सपोर्ट: कंपनी अपने वितरकों को उत्पाद के बारे में जानकारी देती है, बिक्री और नेटवर्किंग की ट्रेनिंग देती है।

3. इनकम और कमीशन योजना: कंपनी यह तय करती है कि सहयोगी खरीदार को व्यक्तिगत बिक्री और टीम बिक्री के आधार पर कितना लाभ मिलेगा।

डायरेक्ट सेलिंग कंपनियों में यह पारदर्शिता बहुत महत्वपूर्ण है। हर सहयोगी खरीदार को पता होता है कि उसके प्रयास के अनुसार किस तरह की आय उसे मिलेगी। डायरेक्ट सेलिंग कंपनी का काम सिस्टम और नेटवर्क पर आधारित होता है।

उत्पाद सीधे कंपनी से सहयोगी खरीदार तक जाता है। सहयोगी खरीदार अपने नेटवर्क के माध्यम से बिक्री करता है और टीम बनाता

है। पारदर्शी कमीशन प्रणाली के जरिए सहयोगी खरीदार को उसकी मेहनत का सही फल मिलता है।

कंपनी के पास हमेशा सपोर्ट सिस्टम होता है। इसमें प्रशिक्षण वीडियो, प्रोडक्ट कैटलॉग, मार्केटिंग मटेरियल और डिजिटल टूल शामिल होते हैं। ये संसाधन सहयोगी खरीदार को ग्राहकों तक पहुँचने और बिक्री बढ़ाने में मदद करते हैं।

एक उदाहरण से समझें:

मान लें कोई FMCG प्रोडक्ट कंपनी है।

1. कंपनी उत्पाद बनाती है और सहयोगी खरीदार को देती है।

2. सहयोगी खरीदार इसका उपयोग करता है और अपने अनुभव के आधार पर ग्राहकों को सुझाता है।

3. ग्राहक उत्पाद खरीदता है, और सहयोगी खरीदार को बिक्री का हिस्सा मिलता है।

4. सहयोगी खरीदार अपनी टीम बनाता है और टीम की बिक्री से अतिरिक्त आय अर्जित करता है।

इस पूरे मॉडल में उत्पाद और भरोसा ही सबसे महत्वपूर्ण आधार हैं।

डायरेक्ट सेलिंग कंपनी में सफलता के कुंजी की तीन बातें हैं:

1. उत्पाद की गुणवत्ता: अच्छा उत्पाद = संतुष्ट ग्राहक।

2. सिस्टम का पालन: कंपनी के निर्देश और प्रशिक्षण का सही उपयोग।

3. नेटवर्क और टीम: भरोसे और अनुभव के आधार पर टीम का निर्माण।

यह मॉडल पारंपरिक व्यवसाय से इसलिए अलग है क्योंकि इसमें स्टोर, कर्मचारियों या भारी पूंजी की आवश्यकता नहीं होती। आपकी मेहनत,आपका नेटवर्क और उत्पाद का अनुभव ही आपकी सफलता तय करता है।

डायरेक्ट सेलिंग कंपनी का उद्देश्य केवल बिक्री करना नहीं है, बल्कि सहयोगी खरीदार को व्यापार सीखने और अपने नेटवर्क से आय अर्जित करने का अवसर देना भी है।

सार

- डायरेक्ट सेलिंग कंपनियाँ उत्पाद निर्माण, प्रशिक्षण और कमीशन योजना के आधार पर काम करती हैं।
- उनका मॉडल सिस्टम और नेटवर्क पर आधारित होता है।
- सहयोगी खरीदार को प्रशिक्षण, सपोर्ट और संसाधन मिलते हैं।
- सफलता के लिए आवश्यक है उत्पाद की गुणवत्ता, सिस्टम का पालन, टीम और नेटवर्क का विकास।
- यह मॉडल छोटे निवेश में बड़े अवसर प्रदान करता है और पारदर्शी कमाई का तरीका है।

अध्याय 6

उत्पाद ही आधार है

"उत्पाद सच्चा तो रास्ता सस्ता।"

डायरेक्ट सेलिंग व्यवसाय का सबसे महत्वपूर्ण स्तंभ है उत्पाद। चाहे नेटवर्क कितना बड़ा हो, या टीम कितनी सक्रिय, यदि उत्पाद विश्वसनीय और उच्च गुणवत्ता का नहीं होगा, तो सफलता असंभव है।

उत्पाद वह आधार है जिस पर ग्राहक का भरोसा बनता है। ग्राहक केवल इसलिए नहीं खरीदता कि आप उसे सुझाव दे रहे हैं, बल्कि इसलिए कि उत्पाद उसके लिए मूल्य और समाधान प्रदान करता है। यही कारण है कि वैध डायरेक्ट सेलिंग कंपनियाँ हमेशा उत्पाद की गुणवत्ता और उपयोगिता पर जोर देती हैं।

उदाहरण के लिए, अगर कोई व्यक्ति हर्बल स्किन क्रीम बेच रहा है, तो उसका प्रभाव तभी मजबूत होगा जब ग्राहक वास्तव में उसका उपयोग करके फायदा महसूस करें। ग्राहक की संतुष्टि से ही उसकी सिफारिश और पुनः खरीदारी सुनिश्चित होती है।

उत्पाद पर आधारित यह मॉडल पारंपरिक दुकानों से अलग है। दुकानदार या विज्ञापन उत्पाद की वास्तविक उपयोगिता नहीं दिखाते। डायरेक्ट सेलिंग में आप खुद उत्पाद उपयोग करते हैं और अनुभव साझा करते हैं। इस वजह से उत्पाद ही बिक्री का आधार बनता है।

उत्पाद पर ध्यान देने से दो फायदे मिलते हैं:

1. ग्राहक का विश्वास बढ़ता है।

2. बिक्री और नेटवर्क स्थिर और दीर्घकालिक होता है।

डायरेक्ट सेलिंग में सफल होने के लिए उत्पाद की विशेषताएँ समझना आवश्यक है।

गुणवत्ता: उत्पाद हर ग्राहक की अपेक्षा पर खरा उतरे।

वास्तविक लाभ: उत्पाद का उपयोग ग्राहक के जीवन में बदलाव लाए।

सटीक जानकारी: उत्पाद के फायदे और उपयोग सही तरीके से साझा किए जाएं।

किसी भी बिक्री प्रयास का असली आधार उत्पाद की विश्वसनीयता है। यदि उत्पाद कमजोर या महंगे दाम में उपलब्ध हैं तो ग्राहक विश्वास नहीं करेगा। इसके अलावा उत्पाद का अनुभव और उपयोगकर्ता की संतुष्टि ही नेटवर्क का विस्तार सुनिश्चित करती है। जब ग्राहक खुश होता है तो वह न केवल स्वयं खरीदता है, बल्कि दूसरों को भी सुझाव देता है। यही नेटवर्क मार्केटिंग का मूल आधार है।

इस व्यवसाय में सफलता का सूत्र सरल है:

उत्पाद पर विश्वास + अनुभव साझा करना + भरोसा = स्थायी बिक्री और आय।

सार

- डायरेक्ट सेलिंग में उत्पाद ही सबसे महत्वपूर्ण आधार है।
- ग्राहक केवल भरोसे पर नहीं बल्कि उत्पाद के वास्तविक उपयोग और लाभ पर खरीदारी करता है।
- उत्पाद की गुणवत्ता, विश्वसनीयता और उपयोगिता नेटवर्क और बिक्री का मुख्य स्तंभ है।
- अच्छा उत्पाद = ग्राहक का भरोसा + स्थायी नेटवर्क + दीर्घकालिक आय।

अध्याय 7

इनकम कैसे होती है

"मेहनत + नेटवर्क = आय।"

डायरेक्ट सेलिंग में सबसे अक्सर पूछा जाने वाला सवाल है, इनकम कैसे होती है? यह सवाल सही है क्योंकि समझना जरूरी है, कि यह व्यवसाय पारदर्शी और मेहनत आधारित है।

डायरेक्ट सेलिंग में आपकी आय मुख्य रूप से दो हिस्सों में होती है:

1. व्यक्तिगत बिक्री से आय (Direct Sales Income):

जब आप स्वयं उत्पाद बेचते हैं, तो कंपनी आपको उस बिक्री का कमीशन देती है। यह कमीशन प्रतिशत उत्पाद और कंपनी की नीति पर निर्भर करता है। उदाहरण के लिए, यदि आप हेल्थ सप्लीमेंट बेच रहे हैं और उसका कमीशन 20% है, तो हर बिक्री पर आपका मुनाफा आपके पास आएगा।

2. टीम/नेटवर्क से आय (Team/Network Income):

जब आप अपनी टीम बनाते हैं, यानी अन्य लोगों को डायरेक्ट सेलिंग में शामिल करते हैं, और वे बिक्री करते हैं, तो उनके प्रयास का कुछ हिस्सा आपको कमीशन के रूप में मिलता है। यह आय स्थायी नेटवर्क बनाने और टीम को सिखाने पर निर्भर करती है।

डायरेक्ट सेलिंग में इनकम का यह मॉडल पारदर्शी है और मेहनत के अनुसार सिस्टमेटिक तय होता है। आपकी सफलता सीधे आपकी बिक्री क्षमता और नेटवर्क निर्माण पर निर्भर करती है।

इनकम को और बेहतर समझने के लिए इसे दो हिस्सों में देखें:

सामान्य बिक्री आय:

यह आय आप सीधे उत्पाद बेचकर अर्जित करते हैं। जितनी अधिक बिक्री, उतनी अधिक आय।

इसे तुरंत आय या **एक्टिव इनकम** भी कहा जा सकता है क्योंकि यह आय आपके ही खाते में आती है।

नेटवर्क/टीम आय:

यह दीर्घकालिक आय है। जब आपकी टीम बढ़ती है और वे नियमित रूप से बिक्री करते हैं, तो आपका नेटवर्क आपके लिए स्थायी आय का स्रोत बन जाता है। इसे **पैसिव इनकम** भी कहा जा सकता है।

सफल डायरेक्ट सेलिंग में व्यक्तिगत बिक्री और नेटवर्क दोनों का संतुलन महत्वपूर्ण है। केवल व्यक्तिगत बिक्री पर निर्भर रहना या केवल टीम पर भरोसा करना संतोषजनक कार्य नहीं, दोनों पर कार्य करना ही लंबी अवधि में स्थायी सफलता दे सकती है।

उदाहरण:

मान लें, आपके पास 10 सक्रिय टीम सदस्य हैं। हर सदस्य महीने में 50 यूनिट बेचता है। आपकी टीम की बिक्री पर आपको प्रतिशत कमीशन मिलता है। धीरे-धीरे यह नेटवर्क आपकी स्थायी आय का स्तंभ बन जाता है।

डायरेक्ट सेलिंग में इनकम की खासियत:

सीधी मेहनत का फल: हर बिक्री का लाभ आपको सीधे मिलता है।

नेटवर्क की ताकत: टीम जितनी मजबूत, आय उतनी अधिक।

लघु निवेश में अधिक अवसर: बिना स्टोर या भारी पूंजी के स्थायी आय।

यह मॉडल पारदर्शी, मेहनत आधारित और दीर्घकालिक है। शुरुआत में व्यक्तिगत बिक्री पर ध्यान दें, फिर धीरे-धीरे टीम बनाएं और नेटवर्क से स्थायी आय अर्जित करें।

सार

- डायरेक्ट सेलिंग में इनकम दो मुख्य स्रोतों से होती है: व्यक्तिगत बिक्री और टीम/नेटवर्क बिक्री।
- व्यक्तिगत बिक्री तुरंत लाभ देती है, टीम से दीर्घकालिक और स्थायी आय मिलती है।
- सफलता का सूत्र: उत्पाद समझो, बिक्री करो, टीम बनाओ, नेटवर्क का विस्तार करो।
- मेहनत + भरोसा + नेटवर्क = स्थायी और पारदर्शी आय।

अध्याय 8

सही कंपनी कैसे पहचाने

"सही चुनाव, सुरक्षित भविष्य।"

डायरेक्ट सेलिंग में सफलता के लिए सबसे पहला और महत्वपूर्ण कदम है सही कंपनी का चयन। कोई भी व्यक्ति यदि गलत कंपनी के साथ जुड़ जाता है, तो मेहनत और समय दोनों बर्बाद हो सकते हैं।

सही कंपनी चुनने के लिए कुछ प्रमुख बातों का ध्यान रखना आवश्यक है:

1. कंपनी का रजिस्ट्रेशन और वैधता:

यह सुनिश्चित करें कि कंपनी भारत सरकार द्वारा मान्य और रजिस्टर्ड हो। वैध कंपनी हमेशा Direct Selling Guidelines का पालन करती है।

2. उत्पाद की गुणवत्ता:

कंपनी के उत्पाद की गुणवत्ता और उपयोगिता पर जोर होना चाहिए। उत्पाद ऐसा हो जो ग्राहक की समस्या हल करें और भरोसा बनाए।

3. कमाई योजना की पारदर्शिता:

कंपनी की कमीशन और इनकम योजना स्पष्ट होनी चाहिए। इसमें कोई छुपा नियम या केवल नेटवर्क पर आधारित आय न हो। सही कंपनी हमेशा उत्पाद पर आधारित बिज़नेस मॉडल अपनाती है। यह आपको सिखाती है कि क्यों, कैसे और किसके लिए उत्पाद बेचें।

4. कंपनी का अनुभव और प्रतिष्ठा:

लंबे समय तक काम करने वाली कंपनियाँ भरोसेमंद होती हैं। उनका इतिहास और बाजार में स्थायित्व जांचें।

5. ट्रेनिंग और सपोर्ट सिस्टम:

वैध कंपनियाँ अपने सहयोगी खरीदार को प्रशिक्षण, सामग्री और -

सपोर्ट देती हैं। इसका उद्देश्य है कि आप उत्पाद को समझें और सही तरीके से बेच सकें।

6. ग्राहक और सहयोगी खरीदार का फीडबैक:

कंपनी के वर्तमान और पुराने सफल व एक्टिव सहयोगी खरीदार से बातचीत करें। यह आपको कंपनी की विश्वसनीयता, उत्पाद की गुणवत्ता और नेटवर्क सिस्टम के बारे में स्पष्ट जानकारी देगा।

7. कानूनी और नैतिक मानक:

सही कंपनी कानूनी और नैतिक मानकों का पालन करती है। यह सुनिश्चित करता है कि आपका व्यवसाय सुरक्षित और दीर्घकालिक हो।

उदाहरण के लिए, यदि किसी कंपनी का उत्पाद केवल टीम बनाने पर निर्भर है और वास्तविक ग्राहक मूल्य/संतुष्टि कम है, तो वह सही विकल्प नहीं है।

सही कंपनी चुनना न केवल आज की कमाई बल्कि भविष्य की स्थायी सफलता के लिए भी जरूरी है।

सुझाव: हमेशा उत्पाद पर जोर देने वाली कंपनी चुनें। कंपनी की वैधता और कानूनी स्थिति जांचें। प्रशिक्षण और सपोर्ट प्रदान करने वाली कंपनी आपके विकास में मदद करेगी।

बिना सही प्रोडक्ट के सिर्फ नेटवर्क या टीम निर्माण पर अत्यधिक जोर देने वाली कंपनी से बचें। सही कंपनी के साथ जुड़ने से आपका व्यवसाय आसान, सुरक्षित और दीर्घकालिक बनता है। यह आपके समय, प्रयास और निवेश का सही परिणाम देती है।

सार

- डायरेक्ट सेलिंग में सफलता की पहली कुंजी है सही कंपनी का चयन।
- वैधता, उत्पाद की गुणवत्ता, पारदर्शी इनकम प्लान और प्रशिक्षण पर ध्यान दें।
- कंपनी की प्रतिष्ठा, अनुभव व आगे बढ़ने वाले सहयोगी खरीदार के फीडबैक जानें।
- सही कंपनी चुनने से स्थायी आय, भरोसा और नेटवर्क का विकास सुनिश्चित होता है।
- याद रखें: सही कंपनी = सुरक्षित, स्थायी और लाभकारी व्यवसाय।

खण्ड : 2

डायरेक्ट सेलिंग क्यों करें ?

अध्याय 1

छोटी पूंजी बड़ा सपना

"कम निवेश, बड़ी उपलब्धि।"

डायरेक्ट सेलिंग क्यों करें, इसका सबसे पहला कारण है कम निवेश में बड़ा व्यवसाय शुरू करना। पारंपरिक व्यवसायों में शुरुआत के लिए भारी पूंजी की आवश्यकता होती है। स्टोर, कर्मचारियों का वेतन, विज्ञापन, स्टॉक, और अन्य खर्च। इसके कारण बहुत से लोग अपने सपनों को अधूरा छोड़ देते हैं।

डायरेक्ट सेलिंग इस बाधा को पूरी तरह हटाता है। यहाँ आप सिर्फ उत्पाद खरीदकर और नेटवर्क बनाने के लिए निवेश करते हैं। इससे शुरुआती जोखिम बहुत कम हो जाता है।

छोटी पूंजी में व्यवसाय शुरू होने का सबसे बड़ा लाभ यह है की हर व्यक्ति के पास सुनहरा अवसर है। कोई भी व्यक्ति, चाहे वह छात्र हो, गृहिणी हो, या नौकरीपेशा, अपने छोटे निवेश से व्यवसाय शुरू कर सकता है।

उदाहरण:

सोहन ने 20000 रुपये की छोटी पूंजी से FMCG (दैनिक उपयोग) के प्रोडक्ट्स का व्यवसाय शुरू किया। उसने अपने परिवार और दोस्तों को उत्पाद सुझाए। धीरे-धीरे उसका नेटवर्क बढ़ा टीम बढ़ी और 6 महीनों में वो मासिक 25,000 रुपये तक की आय अर्जित करने लगे।

यह कहानी बताती है कि छोटी पूंजी से भी बड़े सपने पूरे किए जा सकते हैं। डायरेक्ट सेलिंग में निवेश कम होने के बावजूद बड़े सपने कैसे पूरे होते हैं, इसका रहस्य है नेटवर्क और उत्पाद पर भरोसा।

आपके टीम में जितने लोग जुड़ते व प्रोडक्ट उपयोग करते हैं उतनी आपकी पहुंच और आय बड़ी होती है।

छोटे निवेश का मतलब यह भी है कि आप कम जोखिम में अनुभव और सीख अर्जित कर सकते हैं। अगर शुरुआत में कुछ गलत हुआ भी, तो नुकसान सीमित रहता है।

डायरेक्ट सेलिंग के अधिकांश सफल लोग यही कहते हैं, कि उन्होंने सबसे पहले छोटे कदम उठाए और सीखने के साथ नेटवर्क बढ़ाया। यही रणनीति उन्हें दीर्घकालिक सफलता और स्थायी आय देती है।

छोटी पूंजी में बड़ा सपना पूरा करने का सबसे बड़ा मंत्र है: सकारात्मक दृष्टिकोण और निरंतर प्रयास। शुरू में ज्यादा व्यक्तिगत बिक्री पर ध्यान दें।

साथ ही नेटवर्क और टीम निर्माण धीरे-धीरे करते रहें। उत्पाद का अनुभव साझा करें और भरोसा बनाएं। कम निवेश में शुरू होने वाले व्यवसाय को बड़े सपनों की ओर ले जाए।

याद रखें, डायरेक्ट सेलिंग में सपनों की कोई सीमा नहीं है। शुरुआती पूंजी छोटी हो सकती है, लेकिन आपका लक्ष्य, मेहनत और नेटवर्क बड़े होने चाहिए। जिसके द्वारा बड़ी सफलता आपको मिलेगी।

सार

- डायरेक्ट सेलिंग में कम निवेश से भी व्यवसाय शुरू किया जा सकता है।
- छोटी पूंजी का लाभ, कम जोखिम, सीखने का अवसर, नेटवर्क निर्माण।
- सफलता के लिए मुख्य हैं उत्पाद पर विश्वास, नेटवर्क का विस्तार और निरंतर प्रयास।
- छोटा निवेश, सही दृष्टिकोण और मेहनत = बड़ा सपना और स्थायी आय।

अध्याय 2

समय और आय की आजादी

"आपका समय, आपकी आय, आपका नियंत्रण।"

डायरेक्ट सेलिंग का सबसे बड़ा फायदा है स्वतंत्रता—**समय और आय दोनों में**। पारंपरिक नौकरियों में व्यक्ति का समय पूरी तरह नौकरी के अधीन होता है। कोई भी अतिरिक्त काम करना कठिन होता है, और कमाई अधिकतर तय वेतन पर आधारित होती है।

डायरेक्ट सेलिंग में स्थिति अलग है। आप खुद अपने समय और प्रयास के अनुसार काम करते हैं। चाहे सुबह 2 घंटे हों या शाम के 3 घंटे, आप तय करते हैं कि कब और कितना काम करेंगे।

इस स्वतंत्रता का अर्थ सिर्फ समय का नहीं है। यह आर्थिक स्वतंत्रता भी देती है। आपकी आय केवल मेहनत और नेटवर्क पर निर्भर होती है, न कि किसी बॉस या तय वेतन पर।

उदाहरण:

सोहन एक बैंक में नौकरी करता था। उसे हर दिन 9 से 6 तक काम करना पड़ता था। उसने डायरेक्ट सेलिंग शुरू की और धीरे-धीरे अपने नेटवर्क और बिक्री से आय अर्जित करने लगा। अब वह अपनी नौकरी के समय को कम कर, डायरेक्ट सेलिंग से ही मुख्य आय अर्जित करता है।

समय और आय की स्वतंत्रता का सबसे बड़ा फायदा यह है कि आप खुद अपने निर्णय लेने में सक्षम होते हैं।

डायरेक्ट सेलिंग में समय और आय की आजादी प्राप्त करने के लिए कुछ मुख्य बिंदु हैं:

स्वतंत्र कार्य समय:

आप तय करते हैं कि कब, कितने समय तक और कितने दिन काम करना है।

आय का नियंत्रण:

आपकी आय आपके प्रयास और नेटवर्क पर आधारित होती है। जितना अधिक मेहनत, उतनी अधिक कमाई।

स्थान की स्वतंत्रता:

आप घर से या कहीं भी अपने व्यवसाय को चला सकते हैं। कोई ऑफिस की बाध्यता नहीं। समय और आय की स्वतंत्रता का मतलब यह भी है कि आप खुद का बॉस बनते हैं। आप अपने जीवन के निर्णय लेने के लिए अधिक सक्षम होते हैं।

उदाहरण:

एक व्यक्ति थे। वो दिन में सिर्फ 3 घंटे डायरेक्ट सेलिंग में कार्य करते थे। इसके बावजूद उनकी नेटवर्क बिक्री लगातार बढ़ रही थी और इस समय उनकी मासिक आय परिवार की जरूरी खर्च से ज्यादा हो चुकी है।

इससे यह स्पष्ट होता है कि डायरेक्ट सेलिंग में समय की सीमाएं नहीं होती, और कम निवेश में स्थायी आय संभव है।

समय और आय की आजादी पाने का मतलब केवल व्यक्तिगत सुविधा नहीं है। इसका महत्व इस बात में भी है कि आप जीवन के अन्य पहलुओं पर ध्यान दे सकते हैं।

- परिवार और स्वास्थ्य के लिए समय।
- नए कौशल सीखने के लिए समय।
- छुट्टियों या यात्राओं के लिए समय।

डायरेक्ट सेलिंग में आपको यह मौका मिलता है कि आप अपने जीवन के हर पहलू को संतुलित कर सकें।

इस मॉडल में स्थायी आय का स्रोत नेटवर्क और टीम होती है। यदि आप सही रणनीति से नेटवर्क विकसित करते हैं, तो आपका व्यवसाय धीरे-धीरे स्वत: चलने वाला सिस्टम बन जाता है।

उदाहरण:

मिस्टर राजेश ने 1 साल में अपनी टीम बनाई और उन्हें प्रशिक्षित किया। अब वह केवल 2 घंटे दैनिक काम करके अपनी टीम की बिक्री से स्थायी आय अर्जित करते हैं। यह स्वतंत्रता उनके और उनके परिवार को आय और समय दोनों में स्वतंत्र बनाती है।

समय और आय की स्वतंत्रता केवल शुरुआत है। इसका असली महत्व तब आता है जब आप दीर्घकालिक योजना और नेटवर्क निर्माण करते हैं।

छोटे लक्ष्य लें व पूरा करें और धीरे-धीरे बड़े लक्ष्य की ओर बढ़ें। टीम को प्रशिक्षित करें ताकि नेटवर्क मजबूत और स्थायी हो। समय का सही प्रबंधन करें और अपनी प्राथमिकताओं के अनुसार काम करें।

डायरेक्ट सेलिंग में यह स्वतंत्रता आपको सिर्फ कमाई नहीं बल्कि जीवन शैली की स्वतंत्रता भी देती है। आप तय करते हैं कि कब काम करेंगे, कब आराम करेंगे और अपने समय का अधिकतम उपयोग कैसे करेंगे।

सार

- डायरेक्ट सेलिंग में आप अपने समय और आय के मालिक हैं।
- आय मेहनत और नेटवर्क पर निर्भर होती है, न कि तय वेतन पर।

- समय की स्वतंत्रता = जीवन के अन्य पहलुओं पर ध्यान देना + संतुलित जीवन।
- नेटवर्क और टीम निर्माण से स्थायी आय सुनिश्चित होती है।
- सही दृष्टिकोण और प्रबंधन से समय और आय की पूरी स्वतंत्रता प्राप्त की जा सकती है।

अध्याय 3

पैसों से ज्यादा आत्मनिर्भरता

"आत्मनिर्भर बनो, सफलता खुद पीछे आएगी।"

डायरेक्ट सेलिंग सिर्फ पैसे कमाने का माध्यम नहीं है। यह आपको आत्मनिर्भर बनने का अवसर देता है। आत्मनिर्भरता का अर्थ है, अपने निर्णय खुद लेना, अपने प्रयासों पर भरोसा रखना और किसी पर पूर्ण निर्भर न होना। आज की दुनिया में, केवल नौकरी या किसी संस्थान पर निर्भर रहना सुरक्षित नहीं है। जीवन में किसी भी स्थिति में स्थिरता और सफलता के लिए आत्मनिर्भर होना जरूरी है।

डायरेक्ट सेलिंग इस दिशा में एक व्यवहारिक मंच प्रदान करता है। इसमें आप स्वयं अपने प्रयास, समय और नेटवर्क का मालिक होते हैं। आपकी सफलता सीधे आपके निर्णय और मेहनत पर निर्भर होती है।

उदाहरण:

मोहन एक नौकरीपेशा व्यक्ति थे। वे हर महीने निश्चित वेतन पर निर्भर थे, लेकिन उन्हें आर्थिक और पेशेवर स्वतंत्रता चाहिए थी। उन्होंने डायरेक्ट सेलिंग शुरू की। धीरे-धीरे अपनी मेहनत और टीम के आधार पर उन्हें स्वतंत्र आय मिलने लगी। अब वे आर्थिक और पेशेवर रूप से आत्मनिर्भर हैं।

यह दिखाता है कि डायरेक्ट सेलिंग में पैसे से ज्यादा महत्वपूर्ण है, स्वतंत्र निर्णय और आत्मनिर्भरता।

आत्मनिर्भर बनने के लिए डायरेक्ट सेलिंग में कुछ मूलभूत तत्व हैं:

स्वयं पर भरोसा: आपकी मेहनत और निर्णय ही व्यवसाय की दिशा तय करते हैं।

नेटवर्क और टीम: टीम बनाने और प्रशिक्षित करने का अनुभव आपको नेतृत्व और आत्मनिर्भरता सिखाता है।

समस्याओं का समाधान: ग्राहक या टीम के किसी मुद्दे को हल करना आपकी समस्या सुलझाने की क्षमता बढ़ाता है।

डायरेक्ट सेलिंग में सफलता की कहानी अक्सर इसी आत्मनिर्भरता से जुड़ी होती है। जब आप किसी संस्थान या बॉस के बजाय अपने प्रयासों पर निर्भर रहते हैं, तो आप संकल्प, नेतृत्व और आत्मविश्वास में वृद्धि करते हैं।

उदाहरण:

रोहन ने घर से डायरेक्ट सेलिंग शुरू की। पहले वह केवल अपने अनुभव के आधार पर ग्राहकों को सुझाता था। समय के साथ उसने नेटवर्क बनाया और टीम का नेतृत्व किया। अब वह अपने निर्णयों पर निर्भर होकर व्यवसाय चला रहा है और आर्थिक और मानसिक रूप से आत्मनिर्भर है।

आत्मनिर्भरता का महत्व केवल आर्थिक स्वतंत्रता तक सीमित नहीं है। यह आपके व्यक्तित्व, आत्मविश्वास और जीवन की दिशा को भी सशक्त बनाती है।

डायरेक्ट सेलिंग में आत्मनिर्भर बनना यह सिखाता है कि:

- किसी पर पूर्ण भरोसा मत करें।
- अपने निर्णय, मेहनत और नेटवर्क के माध्यम से सफलता प्राप्त करें।
- समस्या आने पर समाधान करना और आगे बढ़ना।

याद रखें, पैसा स्थायी नहीं होता, लेकिन आत्मनिर्भरता हमेशा स्थायी होती है। यह आपको दीर्घकालिक सफलता, सम्मान और मानसिक संतोष देती है।

सार

- डायरेक्ट सेलिंग में आत्मनिर्भरता सबसे बड़ी सीख है।
- यह केवल आर्थिक स्वतंत्रता नहीं, बल्कि व्यक्तित्व, नेतृत्व और आत्मविश्वास भी बढ़ाती है।
- सफलता आपके निर्णय, मेहनत और नेटवर्क पर निर्भर करती है।
- पैसा अस्थायी है, लेकिन आत्मनिर्भरता स्थायी और मूल्यवान है।
- आत्मनिर्भर बनो = अपने जीवन के हर पहलू में मजबूत और स्वतंत्र बनो।

अध्याय 4

लाखों की नौकरी नहीं लेकिन लाखों की संभावना

"सीमित नौकरी, असीमित अवसर।"

आज के समय में लाखों लोग नौकरी के लिए संघर्ष कर रहे हैं। नौकरी चाहे अच्छी हो, लेकिन इसकी सीमाएँ स्पष्ट होती हैं। फिक्स्ड वेतन, निश्चित पदोन्नति और सीमित अवसर।

डायरेक्ट सेलिंग इसके बिल्कुल विपरीत है। इसमें किसी भी व्यक्ति के पास अपनी मेहनत और नेटवर्क के आधार पर लाखों कमाने की संभावना होती है।

इसका मतलब यह है कि यदि आप अधिक समय, ऊर्जा और सही रणनीति लगाते हैं, तो आपकी आय की कोई सीमा नहीं होती। यह नौकरी की तरह फिक्स्ड वेतन पर निर्भर नहीं करती।

उदाहरण:

अजय एक कंपनी में जूनियर कर्मचारी थे। उनका वेतन सीमित था। उन्होंने डायरेक्ट सेलिंग शुरू की। पहले कुछ महीनों में उन्होंने छोटी बिक्री की, लेकिन धीरे-धीरे नेटवर्क और टीम बनाकर मासिक लाखों की आय अर्जित की।

डायरेक्ट सेलिंग में मूलभूत नियम यही है की "आप जितना मेहनत करेंगे उतनी संभावना है कि आपकी आय बढ़े।"

लाखों की नौकरी न मिलने का मतलब यह नहीं कि आप बड़ी कमाई नहीं कर सकते। डायरेक्ट सेलिंग व्यवसाय में छोटी पूंजी और कम समय में भी बड़ी संभावना होती है।

टीम और नेटवर्क जितना बड़ा होगा, आपकी आय उतनी अधिक होगी। यहाँ पारदर्शिता होती है, मेहनत और रणनीति के आधार पर आपको इनकम मिलती है। कोई छुपा नियम नहीं।

डायरेक्ट सेलिंग में यह सबसे बड़ी बात है कि आपकी आय आपकी मेहनत और नेटवर्क पर आधारित होती है, न कि किसी बॉस, नौकरी या पद पर।

अर्थात नौकरी सीमित है, लेकिन डायरेक्ट सेलिंग में संभावना असीमित। आपकी मेहनत और नेटवर्क ही आपकी सीमा तय करता है। शुरुआत छोटी पूंजी और कम समय से होती है, लेकिन सही रणनीति से लाखों की संभावना बनती है। धैर्य, निरंतर प्रयास और नेटवर्क का विस्तार सफलता के लिए जरूरी हैं।

सार

- नौकरी फिक्स्ड है, डायरेक्ट सेलिंग असीमित।
- मेहनत + नेटवर्क = आय की असीमित संभावना।
- शुरुआती छोटे कदम भी दीर्घकालिक लाखों की संभावना में बदल सकते हैं।
- धैर्य और रणनीति से सीमित संसाधन में भी बड़ा सपना साकार होता है।

अध्याय 5

व्यक्तित्व विकास एवं आत्मविश्वास

"सशक्त व्यक्तित्व, अडिग आत्मविश्वास।"

डायरेक्ट सेलिंग केवल पैसे कमाने का जरिया नहीं है, बल्कि यह व्यक्तित्व और आत्मविश्वास विकसित करने का सबसे प्रभावशाली माध्यम भी है। व्यक्तित्व विकास का अर्थ है **आपकी सोच, व्यवहार, संचार क्षमता और निर्णय लेने की शक्ति में सुधार**। डायरेक्ट सेलिंग में आपको ग्राहक से लेकर टीम तक हर किसी के साथ संवाद करना पड़ता है। यह अनुभव आपको सामाजिक और पेशेवर रूप से मजबूत बनाता है।

आत्मविश्वास भी इसी प्रक्रिया का प्राकृतिक परिणाम है। जब आप उत्पाद बेचते हैं और नेटवर्क विकसित करते हैं, तो आप अपने प्रयास और क्षमता पर भरोसा करना सीखते हैं।

उदाहरण:

एक व्यक्ति पहले शर्मीला और आत्मविश्वासहीन था। उसने डायरेक्ट सेलिंग शुरू की। शुरुआत में ग्राहकों से बात करना कठिन था। लेकिन लगातार अभ्यास और नेटवर्क बनाने के अनुभव से उसका व्यक्तित्व निखरा और आत्मविश्वास बढ़ा। अब वह न केवल बिक्री करता है, बल्कि टीम को नेतृत्व भी देता है।

इस प्रकार, डायरेक्ट सेलिंग में व्यक्तित्व विकास और आत्मविश्वास का महत्व आर्थिक लाभ से भी अधिक है।

डायरेक्ट सेलिंग में व्यक्तित्व विकास और आत्मविश्वास प्राप्त करने के कुछ महत्वपूर्ण बिंदु:

संचार कौशल का विकास: ग्राहक और टीम के साथ संवाद करने से आपकी बातचीत क्षमता में सुधार होता है।

निर्णय लेने की क्षमता: हर बिक्री और नेटवर्क निर्णय आपके आत्मविश्वास को मजबूत बनाता है।

सकारात्मक सोच: चुनौतियों का सामना करना और उन्हें हल करना आपके मानसिक विकास को बढ़ाता है।

नेतृत्व और टीम निर्माण: टीम को प्रशिक्षित करना और मार्गदर्शन देना आपके नेतृत्व कौशल को बढ़ाता है।

उदाहरण:

रमेश ने अपने नेटवर्क में टीम बनाई और उन्हें उत्पाद के फायदे समझाए। धीरे-धीरे उसकी टीम सक्रिय हुई और बिक्री बढ़ी। इस अनुभव ने उसका आत्मविश्वास बढ़ाया और नेतृत्व क्षमता विकसित की। व्यक्तित्व और आत्मविश्वास का लाभ केवल बिक्री तक सीमित नहीं है। यह जीवन के हर क्षेत्र में सफलता दिलाता है नौकरी, व्यवसाय, मधुर संबंध और सामाजिक मान-सम्मान।

व्यक्तित्व विकास और आत्मविश्वास का मतलब है कि आप अपने जीवन में सकारात्मक परिवर्तन लाएं। डायरेक्ट सेलिंग एक ऐसा मंच है जहां आप केवल आय नहीं कमाते, बल्कि अपने व्यक्तित्व और आत्मविश्वास को भी तराशते हैं।

सार

- डायरेक्ट सेलिंग में व्यक्तित्व विकास और आत्मविश्वास सफलता की कुंजी हैं।
- संवाद, निर्णय क्षमता, नेतृत्व और सकारात्मक सोच इसे मजबूत बनाते हैं।
- आत्मविश्वास और सशक्त व्यक्तित्व = स्थायी नेटवर्क + दीर्घकालिक सफलता।
- आर्थिक लाभ के साथ जीवन के हर क्षेत्र में वृद्धि संभव होती है।

अध्याय 6

मैंने क्यों चुना डायरेक्ट सेलिंग

"मेरी यात्रा, मेरी सीख।"

डायरेक्ट सेलिंग से जुड़ने का निर्णय किसी भी व्यक्ति के जीवन में महत्वपूर्ण मोड़ साबित हो सकता है। मेरे लिए भी यह निर्णय सरल नहीं था। शुरुआत में मेरे पास पैसा कमाने का स्थिर माध्यम था, लेकिन मैंने महसूस किया कि मेरा कार्य केवल सीमित आय देती है। मेरे सपनों को पूरा करने और आत्मनिर्भर बनने के लिए मुझे एक ऐसा प्लेटफ़ॉर्म चाहिए था जो कम निवेश में उच्च संभावनाएँ दे।

मैंने डायरेक्ट सेलिंग की ओर रुख किया क्योंकि इसमें मेरी मेहनत और नेटवर्क सीधे मेरी आय पर असर डालते थे। यह पारदर्शी, सशक्त और दीर्घकालिक अवसर देने वाला व्यवसाय था।

उदाहरण:

मैंने कुछ हजार रुपये की छोटी पूंजी से शुरुआत की। पहले महीने में छोटी बिक्री की, लेकिन सीखते-सीखते और टीम बनाते हुए मेरी आय धीरे-धीरे बढ़ी। यह अनुभव मुझे समझा गया कि डायरेक्ट सेलिंग केवल पैसे कमाने का जरिया नहीं, बल्कि मेरी क्षमताओं को पहचानने और विकसित करने का माध्यम भी है।

डायरेक्ट सेलिंग चुनने के पीछे कई कारण थे:

आत्मनिर्भरता: मैं अपने निर्णयों और मेहनत के आधार पर आय कमाना चाहता था।

समय और स्थान की स्वतंत्रता: मैं अपने समय का मालिक बनना चाहता था। डायरेक्ट सेलिंग ने मुझे यह अवसर दिया।

सपनों की असीमित संभावना: पुराने कार्य में आय की स्पष्ट सीमाओं के जगह, डायरेक्ट सेलिंग में मेरी आय की कोई सीमा नहीं थी।

व्यक्तित्व और आत्मविश्वास का विकास: ग्राहकों और टीम के साथ काम करने से मेरी नेतृत्व क्षमता और आत्मविश्वास विकसित हुआ।

उदाहरण:

मैंने अपने परिवार और दोस्तों से शुरुआत की। धीरे-धीरे मेरी टीम बड़ी हुई और हर सदस्य की बिक्री और प्रयास ने मेरी आय और अनुभव को बढ़ाया। यह मेरी समझ और दृष्टिकोण को व्यापक बना गया। डायरेक्ट सेलिंग ने मुझे आर्थिक लाभ के साथ-साथ मानसिक संतोष और जीवन की स्वतंत्रता भी दी। मैंने अपने समय का सही प्रबंधन करना सीखा।

मैं निर्णय लेने और समस्याओं को हल करने में अधिक सक्षम बन गया। नेटवर्क और टीम का निर्माण करना मेरी नेतृत्व क्षमता बढ़ाने वाला अनुभव बना। मेरी सलाह है कि डायरेक्ट सेलिंग केवल पैसे कमाने का जरिया नहीं है। यह जीवन को बदलने और स्वयं को सशक्त बनाने का मंच भी है।

सार

- डायरेक्ट सेलिंग मेरे लिए सीमित आय से बाहर निकलने का रास्ता था।
- कम निवेश, अधिक संभावना, समय और स्थान की स्वतंत्रता इसे अनूठा बनाती है।
- आत्मनिर्भरता, नेतृत्व, व्यक्तित्व विकास और बेहतर आय इसके मूल लाभ हैं।
- मेरे अनुभव से यह स्पष्ट है कि डायरेक्ट सेलिंग चुनना सिर्फ व्यवसाय नहीं, जीवन शैली में बदलाव है।

खण्ड : 3

डायरेक्ट सेलिंग कैसे करें ?

अध्याय 1

शुरुआत कैसे करें

"पहला कदम, बड़ी सफलता की शुरुआत।"

डायरेक्ट सेलिंग में सफलता की पहली कुंजी है सही शुरुआत। शुरुआत सही हो, तो आगे की राह आसान होती है। शुरुआत करते समय सबसे पहले तय करें कि आप कौन-से उत्पाद और कंपनी के साथ जुड़ना चाहते हैं। यह निर्णय आपकी दीर्घकालिक सफलता का आधार होता है।

कंपनी और उत्पाद का चयन करना:

- वैध और भरोसेमंद कंपनी चुनें।
- उत्पाद ऐसा हो जो ग्राहकों की वास्तविक जरूरत को पूरा करे।
- उत्पाद और कंपनी के बारे में पूरी जानकारी हासिल करें।

व्यक्तिगत लक्ष्य निर्धारित करना:

प्रारंभिक लक्ष्य छोटे और स्पष्ट होने चाहिए। “पहले महीने 10 बिक्री”, “पहले 10 ग्राहकों तक पहुँच” जैसी छोटी-छोटी लक्ष्य तय करें।

उदाहरण:

सोहन ने डायरेक्ट सेलिंग शुरू करते समय सही कम्पनी व कंपनी के प्रोडक्ट पर विचार करके निर्णय लिया और अपने लक्ष्य तय किए पहले महीने 10 उत्पाद चुने और उसके होने वाले लाभ को जाना और 5 नए ग्राहकों तक पहुँच बनाने का लक्ष्य लिया और सहमति भी हासिल कर ली। छोटे लक्ष्य पूरे होने से उसका आत्मविश्वास बढ़ा और अगले महीने उसने बड़ा लक्ष्य तय किया। शुरुआत के समय, मानसिक तैयारी भी महत्वपूर्ण है। खुद को विश्वास दें कि आप सफल हो सकते हैं।

शुरुआत के अगले चरण में आता है **व्यक्तिगत योजना और रणनीति।**

कौन-से लोग आपके संभावित ग्राहक हो सकते हैं:

परिवार, मित्र, परिचित और समाज के अन्य लोग। शुरुआत में अपने नजदीकी लोगों से संपर्क करना आसान और प्रभावी होता है।

संपर्क और प्रस्तुति की तैयारी:

उत्पाद और कंपनी के बारे में पूरी जानकारी रखें। छोटा और सरल परिचय तैयार करें, ताकि सामने वाला आसानी से समझ सके।

मोटिवेशन और मानसिक मजबूती:

शुरुआत में अस्वीकृति और नकारात्मक प्रतिक्रिया सामान्य हैं। इससे घबराएँ नहीं, बल्कि सीखें और सुधारें।

उदाहरण:

अंकित ने शुरुआत में 10 लोगों को संपर्क किया, जिनमें से 4 ने उत्पाद खरीदा और 6 ने नहीं। उसने नकारात्मक प्रतिक्रिया को सीखने का मौका बनाया और अगले प्रयास में बेहतर प्रस्तुति दी। जिसके कारण और बेहतर परिणाम मिलने लगे।

एक्शन प्लान बनाना:

- रोजाना कार्य सूची तैयार करें।

- कितने लोग को संपर्क करेंगे।
- कितनी बिक्री करेंगे।
- टीम निर्माण के लिए समय दें।
- नेटवर्क और टीम निर्माण की दिशा में काम करना।

शुरू में खुद बिक्री करें, बांद में टीम बनाकर अपनी पहुंच बढ़ाएँ।

रिपोर्टिंग और ट्रैकिंग:

बिक्री और प्रयास को रिकॉर्ड करें।

अपने प्रदर्शन को नियमित रूप से देखें और सुधारें।

उदाहरण:

राहुल ने प्रत्येक दिन 5 नए संभावित ग्राहकों से संपर्क करने का लक्ष्य रखा। उसने प्रत्येक बिक्री और प्रतिक्रिया को नोट किया। इससे उसे अपनी कमजोरी और ताकत का अंदाजा हुआ और वह तेजी से सुधार करता गया।

शुरुआत में योजना और अनुशासन ही दीर्घकालिक सफलता की कुंजी है। शुरुआत करते समय यह याद रखें कि **धैर्य, लगातार प्रयास और सीखना सफलता की आधारशिला** हैं।

- पहले महीने के अनुभव को नोट करें।
- छोटी उपलब्धियों का उत्सव मनाएँ।
- गलती होने पर निराश न हों, बल्कि सुधार करें।

शुरुआत सही होने पर आपका आत्मविश्वास बढ़ता है, नेटवर्क मजबूत होता है और बिक्री स्थायी होती है।

सार

- शुरुआत में सही कंपनी और उत्पाद का चयन जरूरी है।
- छोटे, स्पष्ट और साध्य लक्ष्य तय करें।
- संभावित ग्राहकों की सूची बनाएं और सरल प्रस्तुति दें।
- दैनिक कार्य योजना, नेटवर्क निर्माण और ट्रैकिंग से स्थायी सफलता मिलती है।
- धैर्य, सीखने की इच्छा और लगातार प्रयास से पहला कदम बड़ी सफलता में बदलता है।

अध्याय 2

लोगों की सूची कैसे बनायें

"लिस्ट ही असली पूंजी है।"

डायरेक्ट सेलिंग में सफलता की एक बड़ी कुंजी है सही लोगों की सूची तैयार करना। बिना सूची के आपके प्रयास असंगठित और अधूरे रह जाते हैं। सही सूची का मतलब है कि आपके पास वे लोग हों, जो आपके उत्पाद या अवसर में रुचि रख सकते हैं। शुरुआत में यह सूची परिवार, दोस्त और परिचित से बनाई जाती है। बाद में नेटवर्क और टीम बढ़ने के साथ सूची का दायरा व्यापक हो जाता है।

सूची बनाने के प्रमुख लाभ:

लक्षित प्रयास — आप उन लोगों तक पहुँचते हैं जो वास्तविक ग्राहक बन सकते हैं।

समय की बचत — बिना योजना के काम करने की तुलना में आपकी मेहनत असरदार होती है।

नेटवर्क विस्तार — सूची के आधार पर आप टीम बढ़ा सकते हैं।

उदाहरण:

प्रदीप ने शुरुआत में अपने दोस्तों और परिवार की एक सूची बनाई। हर दिन उसने 5 लोगों से संपर्क किया। 10 दिनों में उसने अपने पहले ग्राहक बनाए और सूची के आधार पर धीरे-धीरे नेटवर्क विकसित किया।

लोगों की सूची बनाने के चरण :

व्यक्तिगत संपर्क: परिवार, रिश्तेदार, मित्र और परिचित। शुरू में यही सबसे भरोसेमंद और आसान समूह है।

सामाजिक और पेशेवर नेटवर्क:

सोशल मीडिया प्लेटफॉर्म (WhatsApp, Facebook, Instagram) का उपयोग। आपका कार्यस्थल और आपका व्यावसायिक व सामाजिक संपर्क।

ग्राहक प्रोफाइल तैयार करना: बनाई गई सूची में यह वर्गीकरण करना की किस उम्र, रुचि और ज़रूरत वाले लोग आपके उत्पाद या अवसर में रुचि ले सकते हैं। यह सूची आपके प्रयास को लक्षित और असरदार बनाती है।

उदाहरण:

अमित ने अपनी सूची तैयार करने के लिए एक नोटबुक में चार कॉलम बनाए परिवार, मित्र, रिश्तेदार संबंधी और पेशेवर। उसने हर व्यक्ति के नाम के पास नोट किया कि कौन से उत्पाद में रुचि हो सकती है। इससे उसे अपनी संपर्क प्रक्रिया सरल और व्यवस्थित लगी।

सूची का विस्तार और प्रबंधन: नियमित अपडेट करें। हर संपर्क और बातचीत को नोट करें। कौन खरीदा, किसने रुचि दिखाई, किसको फॉलोअप करना है।

नई संभावनाएँ जोड़ना: नेटवर्क और रेफरल से नई लिस्ट बनाएं। सोशल मीडिया और ऑनलाइन प्लेटफॉर्म का लाभ उठाएँ।

सकारात्मक दृष्टिकोण रखें: शुरुआत में सभी संपर्क सफल नहीं होंगे। अस्वीकृति सीखने का अवसर है।

उदाहरण:

राहुल ने अपनी सूची को दैनिक आधार पर अपडेट किया। उसने नए संभावित लोगों को जोड़ते हुए पुराने संपर्कों का फॉलोअप किया।

परिणामस्वरूप, उसकी सूची मजबूत हुई और बिक्री लगातार बढ़ी। सही सूची बनाने का अंतिम उद्देश्य है व्यवस्थित और प्रभावी नेटवर्क तैयार करना।

सही संपर्क → सही प्रस्तुति → प्रभावी बिक्री → नेटवर्क का विस्तार। सूची को नियमित रूप से अपडेट करना सफलता की दिशा में महत्वपूर्ण कदम है। छोटी-छोटी जीतें आत्मविश्वास बढ़ाती हैं और सूची को और मजबूत बनाती हैं।

याद रखें, डायरेक्ट सेलिंग में सफलता की शुरुआत सूची से ही होती है। बिना सही लोगों तक पहुँच बनाए, आगे की बिक्री और टीम निर्माण कठिन हो जाता है।

सार

- सूची बनाने से प्रयास लक्षित और असरदार होते हैं।
- शुरुआत परिवार, दोस्त, परिचित → फिर सोशल मीडिया और पेशेवर नेटवर्क।
- ग्राहक प्रोफाइल तैयार करें और सूची को नियमित अपडेट करें।
- नई संभावनाएँ जोड़ते रहें और फॉलोअप को महत्व दें।
- सही सूची = सही नेटवर्क = सफलता की मजबूत नींव।

अध्याय 3

बात कैसे शुरू करें

"पहली बातचीत, पहला प्रभाव।"

डायरेक्ट सेलिंग में बिक्री और नेटवर्क निर्माण की सफलता में पहली कुंजी है बात शुरू करना। सही तरीके से शुरुआत करने से ही ग्राहक या टीम में रुचि पैदा होती है।

शुरुआत में बहुत से लोग डरते हैं “कहां से शुरू करूँ?” या “क्या कहूँ?” यह सामान्य है। मुख्य बात यह है कि बात सरल, आत्मविश्वास पूर्ण और स्पष्ट होनी चाहिए।

शुरुआत के मूल कदम:

परिचय: अपने आप को और अपने व्यवसाय को संक्षेप में बताएं। उत्पाद व अवसर का लाभ सामने वाले को बताएं कि इसे अपनाने से उन्हें क्या फायदा होगा।

सवाल और संवाद: बातचीत को रुचिकर बनाएं।

उदाहरण:

सुरेश ने अपने दोस्त को संपर्क किया। उसने कहा, “मैं एक ऐसा प्रोडक्ट बेच रहा हूँ जो आपकी रोजमर्रा की ज़रूरत को हल कर सकता है। क्या मैं 10 मिनट में दिखा सकता हूँ?” इस सरल शुरुआत से दोस्त की रुचि जगी और बातचीत आगे बढ़ी।

बात शुरू करने के तरीके:

फेस-टू-फेस बातचीत: आंखों में आंख डालकर बातचीत करें। आत्मविश्वास और उत्साह दिखाएँ।

फोन/मैसेज के माध्यम से बातचीत: पहले शॉर्ट मैसेज या कॉल करें। शॉर्ट और स्पष्ट संदेश दें, ताकि सामने वाला सहज महसूस करे।

सोशल मीडिया प्लेटफॉर्म: WhatsApp, Facebook, Instagram पर संदेश या पोस्ट के माध्यम से शुरुआत। आकर्षक और संक्षिप्त प्रस्तुति दें।

महत्वपूर्ण टिप्स:

- शुरुआत में उत्पाद या अवसर का लाभ बताना मुख्य है।
- सवाल पूछकर बातचीत को रुचि पूर्ण बनाएं।
- ज्यादा जानकारी तुरंत न दें; धीरे-धीरे समझाएँ।

उदाहरण:

सुरेश ने अपने बनाई गई लोगों की सूची में से 20 संभावित ग्राहकों को संपर्क किया। उसने पहले मैसेज में सिर्फ उत्पाद का लाभ बताया। रुचि दिखाने वालों को डेमो के लिए संपर्क किया व बुलाया। धीरे-धीरे उसने प्रत्येक संपर्क से बिक्री और टीम निर्माण कर लिया।

बात शुरू करने का मनोवैज्ञानिक दृष्टिकोण:

विश्वास और सकारात्मकता: शुरुआत में आत्मविश्वास रखें। नकारात्मकता या घबराहट सामने वाले को महसूस होती ही है।

सामान्य बातचीत से शुरुआत: सीधे बिक्री या अवसर के प्रस्ताव से शुरुआत मत करें। पहले हल्की-फुल्की बातचीत करें। उनकी समस्या को पकड़ें व अपने प्रोडक्ट व सिस्टम में समाधान दिखा दें। याद रखें लोग केवल अपना समाधान खोजते हैं।

सुनना और समझना: सामने वाले की जरूरत और समस्या सुनें। उसके अनुसार समाधान या उत्पाद की बात करें।

उदाहरण:

अंकित ने शुरुआत में ग्राहक से उनके अनुभव और जरूरतें पूछीं। इससे ग्राहक सहज हुए और उत्पाद के फायदे समझकर खरीदने के लिए तैयार हुए। शुरुआत में लोग मना भी करें ऐसा भी हो सकता है। लेकिन **अस्वीकृति को व्यक्तिगत न लें**। हर बातचीत सीखने और सुधारने का अवसर है यह मान कर चलें।

बात की शुरुआत को प्रभावी बनाने के लिए सारांश:

- बातचीत हमेशा आत्मविश्वास और उत्साह के साथ शुरू करें।
- परिचय सरल और स्पष्ट हो।
- उत्पाद या अवसर के लाभ को संक्षेप में बताएं।
- सवाल पूछें और संवाद को रुचि पूर्ण बनाएं।
- नकारात्मक प्रतिक्रिया से सीखें और सुधारें।

याद रखें, पहली बातचीत ही ग्राहक या टीम के साथ आपके संबंध की नींव रखती है। सही शुरुआत से आप विश्वास, रुचि और लंबे समय तक व्यवहार बनाकर उनके बीच रह सकते हैं।

सार

- शुरुआत में सरल, आत्मविश्वासपूर्ण और लाभ केंद्रित बातचीत करें।
- सवाल पूछें और संवाद को सक्रिय बनाएं।
- नकारात्मक प्रतिक्रिया सीखने का अवसर होता है।
- प्रभावी शुरुआत = मजबूत नेटवर्क + स्थायी बिक्री।
- हर बातचीत अनुभव और आत्मविश्वास बढ़ाती है।

अध्याय 4

प्रस्तुति कैसे दें

"सरल, साफ और असरदार।"

डायरेक्ट सेलिंग में सफलता का प्रमुख चरण है प्रस्तुति देना। सही प्रस्तुति ग्राहक या संभावित टीम में विश्वास और रुचि पैदा करती है। प्रस्तुति का उद्देश्य केवल बिक्री करना नहीं है। इसका मकसद सामने वाले को समझाना, आकर्षित करना और प्रेरित करना है। प्रस्तुति तभी प्रभावी होती है **जब आप खुद उत्पाद, कंपनी और अवसर के बारे में पूरी जानकारी रखते हों**।

प्रस्तुति देने के प्रमुख कदम:

उत्पाद या अवसर का परिचय: संक्षेप और स्पष्ट। लाभ और उपयोग को दिखाएँ।

सुनना और समझना: सामने वाले की जरूरत और रुचि को समझें। उनकी समस्याओं का समाधान प्रस्तुत करें।

उदाहरण:

मोहन ने एक घरेलू उत्पाद की प्रस्तुति दी। उसने पहले ग्राहक से उनकी आवश्यकता पूछी, फिर उत्पाद दिखाया। ग्राहक ने तुरंत खरीदारी की, क्योंकि प्रस्तुति उनकी जरूरत से मेल खा रही थी।

प्रस्तुति के तरीके:

फेस-टू-फेस प्रस्तुति: आंखों में आंख डालकर बात करें। आत्मविश्वास पूर्ण और उत्साही रहें। उत्पाद का डेमो दें।

ऑनलाइन या डिजिटल प्रस्तुति: Zoom, WhatsApp, Instagram जैसे प्लेटफॉर्म पर वीडियो कॉल या डेमो। सरल पी पी टी स्लाइड या वीडियो का प्रयोग करें।

समय और स्थान का ध्यान: सामने वाले के लिए सुविधाजनक समय चुनें। शांत वातावरण में प्रस्तुति दें।

उदाहरण:

अंकित ने ऑनलाइन डेमो के माध्यम से अपने उत्पाद की विशेषताएँ दिखाई। ऑनलाइन मीटिंग के बाद ग्राहक को संपर्क किया ग्राहक ने तुरंत ऑर्डर किया।

प्रभावी प्रस्तुति के टिप्स:

संक्षिप्त और स्पष्ट रहें: लंबे भाषण से रुचि कम हो सकती है।

लाभ केंद्रित: सामने वाले को बताएं कि उत्पाद या अवसर उनके जीवन में कैसे मूल्य जोड़ता है।

प्रश्न पूछें और प्रतिक्रिया लें: सामने वाले के सवाल और प्रतिक्रिया से उनकी रुचि बढ़ती है।

डेमो का महत्व: उत्पाद दिखाएँ, उपयोग समझाएँ, सफलता की कहानी साझा करें।

उदाहरण:

राहुल ने अपने टीम निर्माण अवसर की प्रस्तुति में पहले स्वयं अपने अनुभव साझा किए। फिर लाभ और टीम का विस्तार समझाया। इससे संभावित सदस्य विश्वास के साथ जुड़ गए।

प्रस्तुति के मनोवैज्ञानिक पहलू:

विश्वास और सहजता: सामने वाला आपकी आत्मविश्वास और ईमानदारी को महसूस करता है।

सकारात्मक दृष्टिकोण: चुनौतीपूर्ण सवाल आने पर शांत और सकारात्मक रहें। ये कहें की ऐसी बात मुझे इतने दिन में पहली बार आपसे मालूम पड़ीं इसकी सही जानकारी लेकर आपको अवश्य सूचित करूँगा।

सुनना और अनुकूलन: सामने वाले की जरूरत और प्रतिक्रिया के अनुसार प्रस्तुति में बदलाव करें।

याद रखें, सही प्रस्तुति से न केवल बिक्री बढ़ती है, बल्कि नेटवर्क और टीम निर्माण में भी सफलता मिलती है।

सार

- प्रस्तुति का उद्देश्य समझाना, आकर्षित करना और प्रेरित करना है।
- फेस-टू-फेस और डिजिटल दोनों माध्यम प्रभावी हैं।
- संक्षिप्त, लाभ केंद्रित और डेमो सहित प्रस्तुति प्रभावी होती है।
- प्रतिक्रिया और सवालों को सकारात्मक रूप से संभालें।
- सही प्रस्तुति = बिक्री + नेटवर्क + स्थायी सफलत

अध्याय 5

फॉलोअप व निर्णय करवाना

"सफलता की कुंजी लगातार प्रयास।"

डायरेक्ट सेलिंग में बात करने और प्रस्तुति देने के बाद अगला महत्वपूर्ण चरण है फॉलोअप। कई बार ग्राहक या संभावित टीम सदस्य तुरंत निर्णय नहीं लेते। यही समय होता है जब फॉलोअप करना और निर्णय में मदद करना आपकी बिक्री या टीम निर्माण में फर्क डालता है।

फॉलोअप का महत्व:

संबंध बनाए रखना: लगातार संपर्क से ग्राहक या सदस्य में विश्वास बढ़ता है।

सवालों का समाधान करना: अक्सर निर्णय में देरी का कारण अनिश्चितता या सवाल होते हैं।

सकारात्मक छवि बनाना: पेशेवर और सतत फॉलोअप आपके प्रति सम्मान और भरोसा जगाता है।

उदाहरण:

मोहन ने पहले अपने ग्राहक को उत्पाद के फायदे दिखाए, लेकिन ग्राहक तुरंत नहीं लिया। उसने 3 दिन बाद हल्की फॉलोअप कॉल की और ग्राहक के सवालों का समाधान किया। परिणामस्वरूप ग्राहक ने ऑर्डर किया।

फॉलोअप के तरीके:

व्यक्तिगत कॉल या मैसेज: सीधे और सटीक जानकारी दें। पिछली बातचीत का संदर्भ दें।

नरम तरीके से याद दिलाना: "क्या आपने मेरे पिछले संदेश पर विचार किया?" लंबे समय तक इंतजार न करें, लेकिन दबाव भी न डालें।

समस्या का समाधान: ग्राहक या सदस्य के सवालों, संशयों और चिंताओं का समाधान दें।

उदाहरण:

राहुल ने टीम के संभावित सदस्य से 2 दिन बाद फॉलोअप किया। सदस्य ने पूछा, "टीम कैसे काम करेगी?" राहुल ने सरल शब्दों में पूरी प्रक्रिया समझाई। अगले दिन सदस्य जुड़ गया।

मुख्य बात:

- फॉलोअप नियमित और समयबद्ध होना चाहिए।
- सकारात्मक और मददगार दृष्टिकोण अपनाएँ।
- हर फॉलोअप को व्यक्तिगत और रुचिकर बनाएं।

निर्णय करवाने की रणनीति:

विश्वास बनाएँ: पहले भरोसा और जानकारी दें। निर्णय तब आसान होता है जब व्यक्ति आपको और आपके उत्पाद/अवसर को भरोसेमंद समझे।

लाभ और परिणाम दिखाएँ: ग्राहक या टीम सदस्य को समझाएँ कि निर्णय लेने से उन्हें क्या फायदा होगा। उदाहरण या सफलता की कहानी साझा करें।

सकारात्मक विकल्प प्रस्तुत करें: "आप इसे आज अपनाएँ तो लाभ मिलेगा। यदि अभी नहीं, तो अगले सप्ताह हम चर्चा करेंगे।" कैसा रहेगा।

विकल्प देने से व्यक्ति अपने समय और निर्णय पर नियंत्रण महसूस करता है।

उदाहरण:

रोहन ने ग्राहक को कहा, "आप इस उत्पाद का लाभ अभी लेने का निर्णय लें। यदि बाद में निर्णय लिया, तो लाभ मिलने में थोड़ी देर होगा।" ग्राहक ने तत्काल निर्णय लिया। हमेशा दो विकल्प प्रस्तुत करें ताकि दुबारा मिलने का अवसर खुला रहे।

फॉलोअप और निर्णय में सावधानियाँ:

दबाव न डालें: जोर देने से नकारात्मक प्रभाव पड़ता है।

सकारात्मक और धैर्यपूर्ण रहें: निर्णय लेने में समय लग सकता है।

सुनना सीखें: सामने वाले की चिंता और सवाल समझें, समाधान दें।

सफल फॉलोअप और निर्णय करवाने की प्रक्रिया निरंतर प्रयास, धैर्य और समझदारी पर आधारित होती है। यह केवल बिक्री बढ़ाने का साधन नहीं है, बल्कि विश्वास और लंबी अवधि तक व्यवहार बनाने का भी तरीका है।

सार

- फॉलोअप से विश्वास और संबंध मजबूत होते हैं।
- ग्राहक/सदस्य के सवाल और संशयों का समाधान करें।

- निर्णय करवाने के लिए लाभ, विकल्प और सफलता की कहानी साझा करें।
- अधिक दबाव न डालें, सकारात्मक और धैर्यपूर्ण रहें।
- नियमित फॉलोअप + समझदारी = बिक्री + नेटवर्क + दीर्घकालिक सफलता।

अध्याय 6

टीम बनाना व सिखाना

"एक मजबूत टीम, सफलता का बड़ा आधार।"

डायरेक्ट सेलिंग में टीम बनाना और उन्हें प्रशिक्षित करना आपकी दीर्घकालिक सफलता की कुंजी है। अकेले आप सीमित आय और प्रभाव ही प्राप्त कर सकते हैं, लेकिन एक मजबूत टीम के साथ आपकी पहुंच और आय असीमित हो सकती है। टीम बनाने की प्रक्रिया केवल लोगों को जोड़ने तक सीमित नहीं है। इसमें उन्हें सिखाना, प्रेरित करना और मार्गदर्शन देना शामिल है।

टीम बनाने के मूल तत्व:

विश्वासपूर्ण संपर्क: टीम में शामिल होने वाले लोग पहले आप पर भरोसा करें।

सही उम्मीदवार का चयन: ऐसे व्यक्ति चुनें जो सीखने और मेहनत करने के लिए तैयार हों।

सकारात्मक वातावरण: टीम को प्रोत्साहित करना और एक साथ काम करने का माहौल देना जरूरी है।

उदाहरण:

मोहन ने शुरुआत में 5 लोगों को टीम में शामिल किया। उसने पहले हर सदस्य से उनके लक्ष्य और रुचि के बारे में जाना और फिर उनके अनुसार मार्गदर्शन देना शुरू किया। इससे टीम जल्दी सक्रिय हुई और बिक्री में तेजी आई।

टीम को सिखाने के तरीके:

व्यक्तिगत प्रशिक्षण- शुरुआत में हर सदस्य को व्यक्तिगत रूप से उत्पाद, कंपनी और बिक्री प्रक्रिया समझाएँ। अनुभव साझा करें और मार्गदर्शन दें।

संगठित सेशन्स और मीटिंग्स: नियमित टीम मीटिंग्स आयोजित करें। बिक्री रणनीति, फॉलोअप और ग्राहक प्रबंधन सिखाएँ।

स्माल ग्रुप ट्रेनिंग: 2-3 सदस्यों का समूह बनाकर ट्रेनिंग दें। सभी के सवालों का समाधान करें और समझ सुनिश्चित करें।

उदाहरण:

मोहन ने अपनी टीम के नए सदस्यों के लिए साप्ताहिक ट्रेनिंग आयोजित की। छोटे-छोटे अभ्यास और रोल-प्ले के माध्यम से सदस्य जल्दी सीखने लगे और आत्मविश्वासी बने।

टीम का प्रबंधन और प्रेरणा:

सकारात्मक फीडबैक दें: अच्छे प्रदर्शन पर सदस्य को सराहें।

समस्याओं का समाधान: यदि किसी सदस्य को बिक्री में परेशानी हो, तो मार्गदर्शन दें।

प्रतिस्पर्धा नहीं, सहयोग बढ़ाएँ: टीम में सहयोग और एकजुटता का माहौल बनाना जरूरी है।

टीम में प्रशिक्षण का लाभ: टीम जल्दी सीखती है। अनुभव साझा करने से गलतियाँ कम होती हैं। बिक्री और नेटवर्क तेजी से बढ़ता है।

टीम बनाना और सिखाना का सार: टीम केवल संख्या नहीं, बल्कि विश्वास और क्षमता का समूह है। नए सदस्यों को सही तरीके से मार्गदर्शन और प्रशिक्षण देना सफलता का आधार है। प्रेरित और संगठित टीम आपको लंबी अवधि में स्थायी आय और सफलता देती है।

टीम निर्माण के तीन मुख्य सिद्धांत:

1. सही लोग चुनें।
2. व्यक्तिगत और सामूहिक प्रशिक्षण दें।
3. सहयोग, प्रेरणा और सकारात्मक वातावरण बनाएँ।

सार

- मजबूत टीम = स्थायी सफलता।
- सदस्य को प्रशिक्षित और मार्गदर्शन देकर उनका आत्मविश्वास बढ़ाएँ।
- नियमित मीटिंग्स, रोल-प्ले और फीडबैक टीम को सक्षम बनाते हैं।
- सहयोग और प्रेरणा पर ध्यान दें, प्रतिस्पर्धा से बचें।
- टीम का सही निर्माण और प्रशिक्षण आपकी डायरेक्ट सेलिंग यात्रा को आसान और सफल बनाता है।

अध्याय 7

रोज क्या करना चाहिए

"हर दिन का सही काम, सफलता की नींव।"

डायरेक्ट सेलिंग में सफलता का राज़ है सकारात्मक और नियमित दिनचर्या। केवल योजना बनाना पर्याप्त नहीं है, हर दिन सही दिशा में काम करना और अनुशासन बनाए रखना आवश्यक है।

रोजाना का काम क्यों जरूरी है:

संबंध बनाए रखना: ग्राहक और टीम के संपर्क में बने रहना।

नियमित प्रयास: छोटे-छोटे लगातार प्रयास बड़े परिणाम देते हैं।

प्रगति का ट्रैक: हर दिन किए गए काम से आप अपने प्रदर्शन का मूल्यांकन कर सकते हैं।

एक डायरेक्ट सेलर के हर दिन का कार्य तीन मुख्य क्षेत्र में बंटे होते हैं:

1. बिक्री और फॉलोअप।

2. टीम और प्रशिक्षण।

3. स्वयं का विकास।

रोजाना के कार्यों के मुख्य चरण:

सुबह का समय: अपने दिन का लक्ष्य तय करें। ग्राहक संपर्क की सूची तैयार करें। मानसिक तैयारी और सकारात्मक दृष्टिकोण अपनाएँ।

बिक्री और फॉलोअप: पहले दिन के लक्ष्यों के अनुसार संपर्क करें। पुराने संपर्कों का फॉलोअप करें।

प्रश्नों का समाधान दें और निर्णय में मदद करें।

टीम के साथ समय: टीम मीटिंग या प्रशिक्षण। नए सदस्यों को मार्गदर्शन दें। टीम के फॉलोअप और प्रगति पर नजर रखें।

उदाहरण:

सोहन ने तय किया कि सुबह 8–10 बजे यानी डेली 2 घंटे ग्राहकों से संपर्क करेंगे और शाम 4–5 बजे डेली 1 घंटा टीम के सदस्यों के साथ मीटिंग करेंगे। इस नियमितता से उसका दिन व्यवस्थित और प्रभावी बना और बड़े परिणाम दिखने लगे।

स्वयं के विकास के लिए रोजाना कार्य:

सीखना और पढ़ना: नए उत्पाद, कंपनी अपडेट और बिक्री तकनीक सीखें। सफलता की कहानियां और अनुभव साझा करें।

मोटिवेशन: प्रेरक वीडियो, किताब या लेख पढ़ें। आत्मविश्वास और ऊर्जा बनाए रखें।

विश्लेषण और सुधार: पिछले दिन के प्रयास का विश्लेषण करें। कमजोरियों को पहचानें और सुधार के उपाय करें।

उदाहरण:

सोहन ने हर दिन 30 मिनट अपने पिछले फॉलोअप और बिक्री प्रयास का विश्लेषण किया। उसने देखा कि कुछ ग्राहक धीरे-धीरे रुचि दिखा रहे थे। अगले दिन उसने उनके लिए अलग रणनीति अपनाई और बिक्री बढ़ाई।

रोजाना की आदतें और समय प्रबंधन:

कार्य सूची बनाएं: दैनिक कार्य लिखें और प्राथमिकता तय करें।

समय प्रबंधन: ग्राहक, टीम और स्वयं के विकास के लिए अलग समय तय करें।

छोटे लक्ष्य और उत्सव: छोटे लक्ष्य पूरे होने पर उत्सव मनाएँ, इससे प्रेरणा बनी रहती है।

याद रखें, सफलता रोज़मर्रा के छोटे-छोटे कामों से बनती है। अनुशासन, नियमितता और सही दिशा में प्रयास ही दीर्घकालिक सफलता की कुंजी हैं।

सार

- हर दिन लक्ष्य तय करें और कार्य सूची बनाएं।
- बिक्री, फॉलोअप और टीम के साथ नियमित संपर्क रखें।
- स्वयं का विकास, सीखना और मोटिवेशन बनाए रखना जरूरी है।
- समय प्रबंधन और प्राथमिकता तय करने से दिन प्रभावी बनता है।
- रोजाना की नियमितता और अनुशासन = स्थायी सफलता।

अध्याय 8

मन टूटे तो क्या करें

"हर गिरावट, सफलता की तैयारी है।"

डायरेक्ट सेलिंग में कभी-कभी मन टूटने और निराशा महसूस करने की स्थिति आती है। यह सामान्य है क्योंकि हर दिन सफल नहीं होता, ग्राहक तुरंत निर्णय नहीं लेते और टीम कभी-कभी धीमी गति से बढ़ती है।

मन टूटने के कारण:

- लगातार नाकाम कोशिशें।
- अपेक्षित परिणाम का ना मिलना।
- टीम या ग्राहक की उदासीनता।
- स्वयं पर विश्वास की कमी।

इन परिस्थितियों में सबसे जरूरी है धैर्य और सकारात्मक दृष्टिकोण बनाए रखना। निराशा में काम करने से परिणाम और खराब होते हैं।

उदाहरण:

मोहन ने अपनी पहली टीम मीटिंग की उसके मीटिंग में किसी ने ध्यान नहीं दिया। वह निराश हुआ। लेकिन उसने मन संभाला, अपनी रणनीति सुधारी और अगले सप्ताह टीम अधिक सक्रिय होने लगी।

मन टूटने पर अपनाएँ ये कदम:

सकारात्मक सोच अपनाएँ: नकारात्मक विचारों को पहचानें और उन्हें बदलें। “मैं कर सकता हूँ” और “हर असफलता एक सीख है” जैसे विचार बनाए रखें।

छोटे लक्ष्य तय करें: बड़े परिणाम के बजाय छोटे-छोटे लक्ष्य रखें। प्रत्येक पूरा किया गया लक्ष्य आत्मविश्वास बढ़ाता है।

सफलता की कहानियाँ पढ़ें: प्रेरक किताबें या वीडियो देखें। दूसरों की कठिनाइयों और सफलता से सीखें।

अपने प्रयासों का विश्लेषण करें: कहाँ कमी रही, क्या सुधार कर सकते हैं। सीखना और सुधार करना ही निराशा से उबरने का तरीका है।

विश्राम और मानसिक संतुलन: कभी-कभी ब्रेक लेना जरूरी है। ध्यान, योग या शॉर्ट वॉक मन को शांत करता है।

सहयोग और मार्गदर्शन लें: अपने अनुभवी डायरेक्ट सेलर या अपने मेंटर से सलाह लें। मार्गदर्शन से जल्दी सुधार और समाधान मिलते हैं।

उदाहरण:

विकास जब लगातार बिक्री नहीं कर पा रहे थे। तब उसने अपने मेंटर से मार्गदर्शन लिया। नए तरीके अपनाकर अगले महीने बिक्री दोगुनी कर ली।

निराशा से बचने का मानसिक सूत्र:

- यह मानें की हर असफलता सीखने का अवसर है।
- निराशा में काम करने की बजाय रणनीति और दृष्टिकोण बदलें।
- सकारात्मक मानसिकता और नियमित प्रयास से सफलता निश्चित है।

खास बात: सुबह सकारात्मक विचारों के साथ शुरुआत करें। हर दिन का लक्ष्य लिखें और पूरा करें। असफलता से घबराएँ नहीं, सीखें और आगे बढ़ें। स्वयं और टीम के लिए प्रेरणा स्रोत बनें।

सार

- मन टूटना सामान्य है, इससे डरें नहीं।
- सकारात्मक सोच, छोटे लक्ष्य और नियमित प्रयास आत्मविश्वास बढ़ाते हैं।
- सफलता की कहानी पढ़ें और मेंटर से मार्गदर्शन लें।
- असफलताओं से सीखें और उन्हें सुधार का अवसर बनाएं।
- मानसिक संतुलन और दृढ़ता = दीर्घकालिक सफलता।

अध्याय 9

डिजिटल जमाना: सोशल मीडिया का प्रयोग

"छोटा उपकरण, बड़ा असर।"

आज के जमाने में सोशल मीडिया डायरेक्ट सेलिंग के लिए सबसे शक्तिशाली टूल बन चुका है। फेसबुक, इंस्टाग्राम, व्हाट्सएप, यूट्यूब जैसे प्लेटफ़ॉर्म आपको हजारों संभावित ग्राहकों और टीम सदस्यों तक पहुंचने का अवसर देते हैं। सोशल मीडिया का सही इस्तेमाल आपकी बिक्री, ब्रांड और नेटवर्क बढ़ाने में मदद करता है। इसे सिर्फ प्रमोशन या विज्ञापन का माध्यम समझना गलत होगा। इसका असली फायदा है व्यवहार बनाना, विश्वास पैदा करना और लगातार संवाद बनाए रखना।

सोशल मीडिया के लाभ:

- सीमित समय में अधिक लोगों तक पहुंच।
- कम खर्च में प्रभावी प्रचार।
- संभावित ग्राहक और टीम से लगातार संपर्क।

उदाहरण:

सोहन ने अपने उत्पाद का छोटा वीडियो सोशल प्लेटफ़ॉर्म पर डाला। वीडियो वायरल हुआ और दो सप्ताह में उसने 15 नए ग्राहक और 5 नए टीम सदस्य शामिल कर लिए।

सोशल मीडिया का सही उपयोग कैसे करें:

व्यक्तिगत ब्रांड बनाएं: प्रोफ़ाइल साफ और पेशेवर रखें। अपने उत्पाद और अवसर की जानकारी नियमित रूप से साझा करें।

सामग्री (Content) तैयार करें: वीडियो, पोस्ट, स्टोरी, और ब्लॉग के माध्यम से जानकारी दें। सामग्री सरल, आकर्षक और लाभ केंद्रित हो।

सक्रिय संपर्क: ग्राहक और संभावित टीम सदस्यों के कमेंट और संदेशों का जवाब दें। बातचीत को रुचिकर बनाएं।

उदाहरण:

मोहन ने व्हाट्सएप पर 50 संभावित ग्राहकों को अपने उत्पाद की जानकारी भेजी। उन्होंने व्यक्तिगत संदेश और वीडियो डेमो का मिश्रण किया। 10 दिनों में 12 ग्राहक इनके साथ शामिल हो गए।

सोशल मीडिया पर प्रभावी रणनीति:

नियमितता: रोजाना या कम से कम सप्ताह में 3–4 पोस्ट करें।

सकारात्मक और प्रेरक संदेश: उत्पाद या अवसर के फायदे, सफलता की कहानियाँ साझा करें।

लोगों से बातचीत बढ़ाएँ: पोल, सवाल-जवाब, लाइव सेशन से जुड़ाव बढ़ाएँ।

विश्लेषण करें: कौन सी पोस्ट अच्छी प्रतिक्रिया पा रही है, उसका विश्लेषण करें और रणनीति बदलें।

उदाहरण:

रोहन ने यूट्यूब पर अपने उत्पाद के 5 मिनट के डेमो वीडियो डाले। प्रत्येक वीडियो के अंत में उसने सवाल पूछा और लोगों को कमेंट में उत्तर देने को कहा। इससे जुड़ाव बढ़ा और बिक्री में बढ़ोतरी हुई। इनके ग्राहक बढ़ गए।

सोशल मीडिया के मनोवैज्ञानिक पहलू:

विश्वास और भरोसा: लगातार मूल्यवान जानकारी देने से लोग आप पर भरोसा करते हैं।

सकारात्मक प्रभाव: आपका प्रोफाइल और सामग्री पेशेवर और सकारात्मक हो।

धैर्य और अनुशासन: डिजिटल परिणाम तुरंत नहीं मिलते, नियमित प्रयास जरूरी है।

सार

- सोशल मीडिया डायरेक्ट सेलिंग का महत्वपूर्ण उपकरण है।
- व्यक्तिगत ब्रांड और आकर्षक सामग्री तैयार करें।
- नियमित पोस्ट और सक्रिय संपर्क बनाए रखें।
- जुड़ाव और लोगों से बातचीत बढ़ाएँ।
- परिणाम तुरंत न आएं तो धैर्य रखें, अनुशासन और लगातार प्रयास से सफलता मिलती है।

अध्याय 10

सफलता के पाँच सरल सूत्र

"सरल कदम, बड़ी सफलता।"

डायरेक्ट सेलिंग में सफलता की यात्रा अक्सर जटिल लग सकती है, लेकिन असल में इसे पाँच सरल सूत्रों में समेटा जा सकता है। ये सूत्र हर नए और अनुभवी डायरेक्ट सेलर के लिए मार्गदर्शक हैं।

सिद्धांत 1: सही सोच अपनाएँ

सफलता सबसे पहले आपके मनोबल और दृष्टिकोण से शुरू होती है। सकारात्मक सोच, आत्मविश्वास और दृढ़ संकल्प ही आपको चुनौतीपूर्ण परिस्थितियों में आगे बढ़ने की ताकत देती है।

उदाहरण:

राहुल ने शुरुआत में कई नाकाम प्रयास किए, लेकिन उसने हमेशा सोचा, "मैं सीख रहा हूँ और आगे बढ़ूंगा।" इसी सोच ने उसे सफलता दिलाई।

सिद्धांत 2: नियमितता और अनुशासन

सफलता का दूसरा सूत्र है नियमित और निरंतर प्रयास। रोजाना सही समय पर सही काम करने से आप लक्ष्य के करीब पहुंचते हैं।

उदाहरण:

मोहन ने रोजाना 10 नए ग्राहकों से संपर्क करने का नियम रखा। महीनों के प्रयास से उसका नेटवर्क और बिक्री दोनों बढ़े।

सिद्धांत 3: सीखना और सुधारना

सफल डायरेक्ट सेलर हमेशा सीखते हैं। गलतियों से डरें नहीं, बल्कि उन्हें सुधारने का अवसर मानें। हर अनुभव आपको बेहतर बनाता है।

उदाहरण:

रोहन ने शुरुआत में प्रस्तुति में गलती की, लेकिन उसने नोट्स बनाकर अगली बार और बेहतर प्रदर्शन किया। परिणामस्वरूप उसकी बिक्री बढ़ी और बड़े टीम का लीडर बना।

सिद्धांत 4: टीम और सहयोग

एक मजबूत टीम बनाने और उन्हें सिखाने से सफलता की गति तेज होती है। अकेला काम करना सीमित परिणाम देता है, जबकि टीम के साथ प्रयास दोगुनी प्रभावी होती है।

उदाहरण:

विक्रम ने टीम के प्रत्येक सदस्य को व्यक्तिगत मार्गदर्शन दिया। टीम का हर सदस्य प्रेरित और सशक्त हुआ। इससे नेटवर्क और आय दोनों बढ़ी।

सिद्धांत 5: धैर्य और दृढ़ता

सफलता रातों-रात नहीं मिलती। धैर्य और लगातार प्रयास ही लंबी अवधि में स्थायी सफलता देते हैं। कठिन समय में खुद को संभालें। हर असफलता से सीखें। नियमित प्रयास और सकारात्मक दृष्टिकोण बनाए रखें।

उदाहरण:

एक व्यक्ति ने कई ग्राहकों के नकारात्मक पहलू का सामना किया। उसने हार नहीं मानी और लगातार फॉलोअप किया। कुछ महीनों बाद उसने अपने लक्ष्यों को पार कर लिया।

सफलता के पांच सूत्र संक्षेप में:

1. सकारात्मक सोच अपनाएँ।

2. नियमित और अनुशासित प्रयास करें।

3. सीखें और सुधार करें।

4. टीम बनाएँ और सहयोग बढ़ाएँ।

5. धैर्य और दृढ़ता रखें।

अभ्यास और व्यवहारिक सुझाव:

- हर दिन छोटे-छोटे लक्ष्य तय करें।
- नियमित रूप से फॉलोअप और संपर्क बनाएं।
- टीम के साथ सहयोग और मार्गदर्शन साझा करें।
- स्वयं का विकास और सीखना कभी बंद न करें।
- असफलताओं को सीखने का अवसर मानें और सकारात्मक दृष्टिकोण बनाए रखें।

प्रेरणा व सबक

"हर यात्रा एक सबक है"

कभी-कभी ज़िंदगी हमें वहाँ ले आती है जहाँ हम दो राह के बीच खड़े होते हैं—

- एक राह यह की मैं कर सकता हूँ।
- दूसरा राह की क्या मैं कर पाऊँगा?

डायरेक्ट सेलिंग भी वही दूसरा रास्ता है, जो दिखने में नया व असमंजस जैसा लगता है, पर चलने वाला सीखने वाला खुद को सकारात्मक रूप में बदलने वाला सफल हो जाता है।

लेकिन सच बताऊँ?

- हर संघर्ष में एक सबक छुपा होता है।
- हर गिरावट में एक ताकत छुपी होती है।
- हर "ना" के पीछे एक नया "हाँ" छुपा होता है।

1. यह सफर सिर्फ पैसे का नहीं होता:

अगर डायरेक्ट सेलिंग सिर्फ पैसे कमाने का रास्ता होता। तो शायद लोग 15–20 साल तक इसमें टिके नहीं रहते। यह सफर इंसान को बदल देता है। बोलने का तरीका बदलता है सोचने का तरीका बदलता है।

लोगों को समझने का नजरिया बदलता है, हार से लड़ने की ताकत आती है। आप वह इंसान बन जाते हैं जिसे देखकर लोग कहते हैं:

"इसमें कुछ खास है।"

यह "खास" रातों-रात नहीं आता...

यह रोज़-रोज़ के छोटे-छोटे फैसलों से बनता है।

2. लोग नहीं बदलते आप बदलते हैं:

आप उम्मीद करते हैं कि लोग आपको समझें। वे नहीं समझते। आप उम्मीद करते हैं कि लोग साथ दें। वे नहीं देते। आप उम्मीद करते हैं कि वे कहेंगे "तू कर सकता है!"

वे कहते हैं, "ये सब तेरे से नहीं होगा... " *लेकिन असली जादू कब होता है?*

जब आप समझते हैं कि लोग बदलने के लिए नहीं बने, बदलने के लिए सिर्फ **"आप"** बने हैं।

3. मेरी ज़िंदगी का एक बड़ा सबक

हर बार जब मुझे लोगों ने रोका, मेरी चाल धीमी हुई। लेकिन हर बार किसी एक इंसान ने मुझे कहा—

"तू बस चलता रह।"

वही एक इंसान मेरा सहारा बना और आज मैं समझ पाया हूँ। ज़िंदगी बदलने के लिए भीड़ नहीं चाहिए, एक सही इंसान, एक सही दिशा और एक सही फैसला काफी है।

4. आप क्यों जीतेंगे?

- क्योंकि आपने दर्द देखा है।
- क्योंकि आपने खाली जेब देखी है।
- क्योंकि आपने लोगों की बातों को सहा है।
- क्योंकि आपको पता है कि हार कैसी लगती है...

इसलिए जीत की कीमत भी आप ही जानते हैं। आप वादा करते हैं, आप गिरते हैं, फिर उठते हैं, और फिर एक दिन... **जीत आपकी होती है**।

5. हार क्या है?

हार कभी हार नहीं होता। हर हार एक नए शुरुआत का नाम है। यह किताब भी वही है—

- एक शुरुआत।
- एक आग।
- एक दिशा।

आप पढ़कर जब इसे बंद करेंगे, आपके भीतर एक नई ऊर्जा खुल जाएगी:

“मैं कर सकता हूँ... और मैं करके दिखाऊँगा।”

अंतिम वाक्य (जो हमेशा याद रखें)

किसी भी आम आदमी का सपना छोटा नहीं होता। और किसी भी खास आदमी की शुरुआत आसान नहीं होती। आप भी जीतेंगे, क्योंकि आप रुकने वालों में से नहीं।

30-दिन का Action Plan

“शुरुआत आज, बदलाव कल”

सप्ताह 1 : समझ और तैयारी

(पहला कदम – सही नींव बनाना)

उद्देश्य: डायरेक्ट सेलिंग को सही तरीके से समझना और खुद को मानसिक रूप से तैयार करना।

कार्य योजना (दिन 1–7):

- डायरेक्ट सेलिंग क्या है, इसे सरल भाषा में समझें।
- अपनी कंपनी, उत्पाद और प्लान को ध्यान से जानें।
- रोज़ कम से कम 30 मिनट सीखने में लगाएँ।
- सफल लोगों की ऑडियो/वीडियो सुनना शुरू करें।
- अपने डर, संकोच को लिखें और अपने अपलाइन से क्लियर करें।
- यह तय करें कि आप डायरेक्ट सेलिंग क्यों करना चाहते हैं।
- एक नोटबुक बनाएं – मेरी डायरेक्ट सेलिंग डायरी।

इस सप्ताह का मंत्र: *पहले सीखो, फिर कमाओ।*

सप्ताह 2 : लोगों से जुड़ाव

(दूसरा कदम – संपर्क और संवाद)

उद्देश्य: लोगों से बात करने की आदत डालना और झिझक तोड़ना।

कार्य योजना (दिन 8–14):

- अपनी जान-पहचान की 30 – 50 लोगों की लिस्ट बनाएं।
- रोज़ कम से कम 3–5 लोगों से सामान्य बातचीत करें।
- सीधे बिज़नेस की बात न करें, पहले व्यवहार बनाएं।
- पूछें – "आप क्या कर रहे हैं?" और उनकी बात ध्यान से सुनें।
- सही समय देखकर प्लान देखने का दिन समय निश्चित कर लें।
- रिजेक्शन को व्यक्तिगत न लें यह इस बिजनेस का पार्ट है।
- हर दिन का अनुभव डायरी में लिखें, और खुद को बेहतर करते रहें।

इस सप्ताह का मंत्र: *पहले इंसान, फिर बिज़नेस।*

सप्ताह 3 : प्रस्तुति और फॉलोअप

(तीसरा कदम – प्लान दिखाना और निर्णय तक लाना)

उद्देश्य: प्लान सही तरीके से दिखाना और फॉलोअप करना सीखना।

कार्य योजना (दिन 15–21):

- किसी सीनियर का समय लेकर अपने लिस्ट के लोगों को प्लान दिखलवाएं और गंभीरता से देखें व सीखें की वो कैसे प्रस्तुति दे रहें हैं।
- उनके सामने ही इजाजत लेकर अपने प्रोस्पेक्ट को आप खुद 5 – 6 लोगों को प्लान दिखाने का अभ्यास कर लें ताकि कमी होने पर वो खुद संभाल लेगें और आप सिख जाएंगे।
- सरल शब्दों में प्लान देना सीखें।

- आय की बजाय सिस्टम की प्रक्रिया पर फोकस करें।
- प्लान के बाद समयानुसार फॉलोअप करें।
- "हाँ" या "ना" दोनों का सम्मान करें क्योंकि यह सिस्टम का पार्ट है।
- हर फॉलोअप के बाद सीख लिखें व बेहतर सुधार करते चलें।

इस सप्ताह का मंत्र: प्रस्तुति साफ होगी, निर्णय आसान होगा।

सप्ताह 4 : सिस्टम और निरंतरता

(चौथा कदम – टीम और आदतें बनाना)

उद्देश्य: सिस्टम बनाना और लंबे समय तक टिके रहना।

कार्य योजना (दिन 22–30):

- जो लोग जुड़े हैं, उन्हें सही जानकारी दें।
- नए व्यक्ति के प्रति केयर फूल रहें पूरा उचित साथ दें।
- छोटी-छोटी ट्रेनिंग शुरू करें।
- रोज़ का रूटीन तय करें **सीखना + संपर्क**।
- अपने लक्ष्य लिखें – 3 महीने, 6 महीने, 1 साल में क्या हासिल करना है।
- नकारात्मक लोगों से दूरी रखें।
- खुद उदाहरण बनें, सिर्फ बातूनी न बनें।

इस सप्ताह का मंत्र: आदतें बदलें, नतीजे अपने आप बदलेंगे।

30 दिन के बाद क्या बदलेगा?

- डर कम होगा।

- बोलने का आत्मविश्वास बढ़ेगा।
- लोगों से जुड़ने की कला विकसित होगी।
- डायरेक्ट सेलिंग आपको बोझ नहीं, मौका लगेगा।

डायरेक्ट सेलिंग रातों-रात अमीर बनने का तरीका नहीं है, लेकिन 30 दिन का सही कदम आपको सफलता के सही रास्ते पर जरूर खड़ा कर देगा।

<u>धन्यवाद</u>

www.ingramcontent.com/pod-product-compliance
Lightning Source LLC
La Vergne TN
LVHW102011210926
848483LV00011B/255
* 9 7 9 8 9 0 4 5 1 5 8 4 3 *